朝鮮半島を見る眼

「親日と反日」「親米と反米」の構図

朴一（パク・イル）

藤原書店

朝鮮半島を見る眼／目次

第II部　北朝鮮を見る眼　159

朝鮮半島を見る眼

――「親日と反日」「親米と反米」の構図

プロローグ　日韓・日朝のはざまで

ナショナル・インタレストの悲劇

戦後処理、竹島（独島《トクト》）問題、貿易摩擦など、韓日両国の紛争の種はつきない。ある韓国人が「一刻も早く戦後処理に決着を」と叫べば、ある日本人は「日韓条約で戦後処理は解決済み」と答える。一方、日本人が「竹島は江戸時代から日本の領土」と言えば、韓国人は「独島はそれ以前から韓国人が領有していた」と言い返す。さらに韓国人が「対日貿易収支が不均衡なのは、日本が韓国製品を買わないからだ」と対日批判をおこなうと、日本人は「日本市場で売れない製品しかつくれない」韓国の技術水準の低さを問題にする。

こうした不毛の論争を通じて、日本人は嫌韓意識を募らせ、韓国人は反日感情を増幅させてきた。この論争に終止符を打つ方法はないのだろうか。もし日本で在日コリアンが共生社会を創造しようとするなら、まず祖国である韓国と在日が生まれ育った日本との間に横たわるこうした両国民の激しい対立感情をどのように溶解させていくかが、まずもって重要なテーマにならざるをえない。

手始めに、なぜ両国民はこうした対立を繰り返すのか、という点から考えてみよう。結論から言うと、争点の根源はナショナル・インタレスト＝国家利害である。竹島（独島）問題は、このちっぽけな島をどちらの国家に帰属させるかという論争であり、韓日の貿易摩擦は、韓日の輸出企業がどちらの国家により多くの利益をもたらすかという問題である。

そのような意味で、戦後処理問題は国家利害が最も根強くからんだ問題である。韓国人が、従軍慰安婦問題に対して日本側の民間基金の受け取りを非難してきたのは、その典型的な顕れであるといえるだろう。日本国家によって凌辱された従軍慰安婦たちは、日本の民間基金ではなく日本国家によって償われるべき、というのが彼らの言い分である。この主張はとてもクリアーである。しかし残された時間が少なくなった慰安婦たちが生きるためにやむをえず民間基金を受け取ることとさえも非難されるとしたら、これはヒトの命よりも国家の面子を優先した論理であると考えざるをえない。私は、国家としての補償を放棄した日本政府がその代わりに差し出した民間基金には決して賛成できない。しかしながらヒトの命よりも国家の論理が優先されるのは、もっとやるせない。ヒトは国家や国籍の呪縛から逃れることはできないのだろうか。

今から七年ほど前に起った「ペルー人質事件」で、在日韓国人として唯一の被害者になった三菱商事の李明浩《イミョンホ》さんの活躍を報じた新聞記事（『朝日新聞』一九九八年四月五日）は、こうした人命と国家、人命と国籍との関係を改めて考えさせてくれる。在日韓国人が海外でこうした事件に巻き込まれたとき、いったいどこの国が命を守ってくれるか。結論から先に言えば、それは日本政府ではなく韓国政府であるという。日本政府には海外の在日韓国人を保護する義務はない。韓国語の堪能な李さんは助かったが、韓国語のできない在日韓国人がこうした事件に巻き込まれたらいったいどうなるのか。この事件は、国籍と民族と言語が乖離した在日韓国人の国際政治上の微妙な立場を雄弁に物語っている。

先年、私は生まれて初めて長期間の母国留学をおこなった。母国留学は長年の夢だった。日本で生まれ、日本で育った私は、できるだけほんまもんの韓国人に近づこうと思っていた。しかし韓国語の下手な私は、韓国留学中ほとんどの韓国人から日本人と見做された。いくら「韓国人だ」と説明しても、韓国では韓国語のできない者は韓国人と見做されないのである。最初のうちは、言葉ができないため、よくごまかされることがあった。タクシーで、スーパーで、銭湯で、とにかく釣り銭をごまかされる。でも韓国人という誇りを失いたくない私は、最後までへたくそであっても韓国語で通そうとした。それに対する韓国人の反応は二通りであった。

「日本人なのに韓国語がうまいねー」

「韓国人なのになぜそんなに韓国語がへたなの」

どちらも屈辱的であった。言語障害あるいはコミュニケーション・ギャップによる摩擦と、在日韓国人に対する本国人の無理解は、ますます私をいらだたせた。気がつけば、一カ月で八キロも痩せていた。あきらかに韓国人として認められないことに対するいらだちが生みだしたストレスであった。

私が客員教授として赴任した高麗《コリョ》大学には外国から来た教員のためのゲスト・ハウスがある。2LDK、家賃五〇万ウォン（当時のレートで七万円ほど）と条件も悪くない。私は早速、日本から来た他のプロフェッサーとともに申し込んだ。ところが私にはゲスト・ハウスは提供されなかった。責任者いわく、

「ここは、外国人教授の宿舎です。韓国人のあなたにはお貸しできません」

韓国まで来て国籍条項の壁にぶちあたるなんて。私はついに切れた。ぶち切れた。

ええーい、もうやめ。韓国人を演じ続けるのはやめ。国を背負うのもやめ。

こう考えるようになってからあまりストレスも無くなり、体重も増え始めた。自分が韓国人になりきれない在日韓国人といなおることで、少しは重しがとれたようである。

日本と韓国のはざまで

私は韓国で日本籍コリアンの問題を考えるようになった。母国留学生の中に何人かの日本籍コリアンの若者たちがいたからである。彼らの多くは、日本国籍を持ちながらも、コリアンとしての出自に思いをはせ、民族的アイデンティティを求めて韓国に渡ってきた者たちである。

私は、彼らとよく国家や国籍、民族や出自について語り合った。彼らと話していて気づいたこ

とだが、彼らには韓国人という気負いがない。もうひとつの祖国と肩肘はらず向き合っている、そんな印象を受けた。

同じ日本国籍コリアンにも、彼らのように自らの民族的出自を求めて祖国に渡る者もいれば、プロレスラーの力道山や作家の立原正秋のように、自らの出自を隠蔽し民族から逃避し続けた人もいる。民族から完全に逃げとおせる人はいいかもしれないが、大部分の日本籍コリアンは、結婚や就職など人生の節目で得体の知れない民族の圧力をつきつけられるという。

自死の途を選んだ新井将敬代議士の場合はどうか。彼は、少なくとも自分から主体的に民族的出自を語ることはなかった。彼は、十六歳で日本国籍を取得してから、最初に立候補した選挙で出自暴きがおこなわれるまで、懸命に「模範的日本人、新井将敬」を演じてきた。しかし彼が当選を果たすと、皮肉なことにマスコミは、彼の政治信条や理念ではなく、彼の民族的出自に注目した。そして彼は一躍「日本の国会に誕生した初の韓国系代議士」としてクローズアップされるようになった。

ところが彼が「日韓新時代の象徴」や「国際社会日本の象徴」として騒がれるにつれ、逆に日本籍コリアンの彼に対する政界の風当たりは強くなっていた。同じ党の同僚から「日韓関係で摩擦が生じたら、いったいどちらの国益を優先するのか」といった批判がでたり、家族には「朝鮮のスパイ」といったデマが飛ばされることもあった。一時は「日韓のパイプ役を担いたい」と言っていた彼も、ある時期から日本の国際化を口にしないようになり、むしろ日本的美意識や日本国家の利益を力説するようになった。
しかし彼が政治改革の旗手として模範的日本人を演じれば演じるほど、金権政治にひたりきった日本人代議士の彼に対するやっかみは強くなり、彼は党内で孤立していくことになる。彼の金融・証券スキャンダルが発覚したとき、だれも彼の行為を弁護する者はいなかった。皆が同じことをしているのにである。これは、はっきりいって「いじめ殺し」（栗本慎一郎「新井将敬の孤独死」『論争』一九九八年五月号）に近いものだった。

結局は、新井将敬氏には帰属できる安住の場がなかったのではないか。模範的な日本人になろうとしたが、日本人としては認めてもらえず、祖国のパイプ役を果たそうとすれば「どちらの国益を優先するか」と責められる。彼は、日本も韓国も、さらに同胞社会からも孤立することで、最後の安住の地をあの世に求めたのかもしれない。

悲痛な自死を遂げた新井将敬氏に対し、韓国で出会った日本籍コリアンの学生たちのあのさわやかさは何だったのだろうか。新井将敬氏と差があるとすれば、それは何か。まず韓国に留学してきた日本籍コリアンたちが自分から主体的にルーツ（出自）と向き合おうとしているとすれば、新井氏はいやおうなくルーツ（出自）と向き合うことを余儀なくされてしまったという点で、母国や祖国に対するスタンスが決定的に違っている。そしてこれが最も決定的だと思うが、前者が国家から相対的に解放されているのに対し、後者は明らかに天下、国家を背負って生きている。もちろん政治家の道を選んだ新井氏が国家を背負って生きるのは当たり前といってしまえば、それまでだが……。

しかしそれでもなお、国を背負わずに生きていくことはできないのか。確かにノンポリの学生諸君にはもう少し国や国家のことを考えろと言いたいときもあるが、国家を背負い過ぎるのも厄介なものである。民族的出自を大切にしながら国家と国家のはざまで生きる、どちらの国益を優先させることもできないファジィな立場の人こそが国際紛争を回避できる平和の使者になれるのでは、と考えるのは甘い妄想であろうか。新井氏の死を無駄にせず、在日からそうした志を持った政治家や官僚などが現れれば、韓日の紛争も少しはやわらぐのではないか。

本書は、そんな思いから、日韓・日朝のはざまで生きてきた著者が、祖国である南北朝鮮と自らのふるさとである日本との友好を願い書いたものである。本書が少しでも日韓・日朝関係の修復と友好につながれば幸いである。

序章　朝鮮半島を見る眼——歴史的視座から見た日韓・日朝関係

はじめに

近年、竹島（独島）、歴史教科書、小泉首相の靖国参拝などをめぐって、日韓関係がこじれている。韓流ブームで高まった日韓の文化交流にも悪影響が出始めているようだ。とりわけ歴史教科書問題は文科省が教科書検定を行うたびに再燃する可能性もあり、日韓関係を悪化させる最大の阻害要因になっている。

韓国は日本の歴史教科書のどこが問題だと言っているのだろうか。韓国が日本側に修正を要求した歴史教科書の中で、もっとも批判の対象になったのが、いわゆる『新しい歴史教科書』である。この教科書は、日本の過去を否定的に捉えてきたこれまでの歴史教科書に対する一部の歴史家や政治家の反発から生まれたものであり、その目的は日本の過去を肯定的に捉えるところにある。

例えば、「新しい歴史教科書」は、太平洋戦争を次のように描いている。

「マレー半島に上陸した日本軍は、わずか七〇日間で半島南部のシンガポールにある英軍の要塞を陥落させた。……たちまちのうちに日本は広大な東南アジア全域を占領した。……日本の勝利は、東南アジアやインドの人々に独立への夢と勇気を育んだ。……日本は占領した各地で軍政をしいた。現地の独立運動の指導者たちは、欧米からの独立を達成するため、日本の軍政に協力した。……南方進出は、もともと日本の自存自衛のためだったが、アジア諸国が独立するにいたるまでの時計の針を早める効果をもたらした」(『新しい歴史教科書』扶桑社、二〇五―二〇七頁)。

『新しい歴史教科書』は、このように、太平洋戦争というものを日本がアジアを欧米から解放させるために行われた「自存自衛」の戦争であり、それは結果的にアジア諸国の独立を早めたという。過去に対する肯定的評価は、戦争の解釈だけではない。朝鮮や台湾に対する日本の植民地政策の評価も同様である。「新しい歴史教科書」では、日本の植民地支配が朝鮮人に与えた精神的苦痛よりも、むしろ朝鮮総督府が植民地政策の一環として行った開発(道路、鉄道、灌漑の建設など)に光が当てられている。

一方、韓国の歴史教科書では、植民地期の日本帝国主義による経済収奪の実態や、植民地政策による物的・人的被害に記述の重点が置かれてきた。韓国の学界では、どうだろうか。長い間、歴史学界でも日本植民地時代に受けた人的・物的被害の研究が中心であった。戦争や植民地期の工業化による社会構造の変化や、韓国が日本の植民地経営が残した遺産を戦後どのように活用してきたかという研究は長い間手がつけられず、ある意味でタブー視されてきたと言ってもよい。植民地支配戦前期の日本の過酷な植民地支配が韓国の民衆に与えた精神的苦痛があまりに大きく、植民地支配の経済面でのプラス効果を論じることが、日本の植民地支配を正当化するものと見做されてきたからである。

しかしながら近年、日本のみならず、欧米や韓国の研究者の間でも、日本の植民地経営の功罪を冷静に評価し直そうという気運が盛り上がりつつある。こうした研究の背後には、戦後の韓国がNICS・NIES化した歴史的背景を探ろうという問題意識が存在している。序章では、こうした最近の研究成果を踏まえて、インダストリアリズムの側面から見た日本による植民地開発の実態、そうした開発に対する戦後の内外の評価、植民地期と解放後の韓国社会の変化と連続性などの観点から、日韓・日朝関係について考える議論の枠組みを提供してみたい。

日帝による植民地期朝鮮の開発とその実態

これまでの研究の問題点

韓国における、日本の植民地政策に関する従来の研究では、朝鮮総督府が朝鮮の自生的な発展をいかに抑制してきたかという「収奪」の側面に光があてられ、「開発」の側面から植民地支配の実態を振り返ろうという研究はあまり見られなかった。「開発」を帝国主義的搾取にすぎないと考える韓国内の民族派歴史学者や日本の戦争責任を追及する国内研究者によって、植民地支配の「光の側面」を研究することの危うさが絶えず指摘されてきたからである。というのもこうした類いの研究は、ともすれば植民地支配の正当性を説き、謝罪や戦後処理は不要であるとする日本の一部の政治家や官僚エコノミストに利用されてきたからだ。

しかしながら植民地支配＝収奪一辺倒の研究姿勢が、植民地期の朝鮮経済の変化に眼をむけることまで妨げてきたとしたら問題である。ここでは、まず日本の植民地政策による収奪と開発を共時的に捉えるという視角から、植民地支配下の朝鮮社会の変化と連続性を探ってみたい。

朝鮮総督府による開発政策の変化

植民地の初期段階（一九一〇―二〇年）において、朝鮮は①日本に安価な穀物を供給し、②日本の工業製品の市場となることが、その経済的役割であった。そのため、この時代の植民地期朝鮮の開発は農業の振興や道路・鉄道などインフラ部門の拡充に限定されていた。また一九二〇年まで、植民地期朝鮮では総督府の認可を受けない企業は創業できないとする会社令が機能しており、私企業の自由な活動も制限されていた。そのような制約条件から考えると、一九一〇年代の植民地期朝鮮の工業化はかなり抑制されたものであったと言ってさしつかえないだろう。

二〇年代に入ってからも、日本経済に訪れた社会的・経済的混乱が朝鮮に工業化の進展を許さなかった。一九一八年の米騒動、二三年の関東大震災、二七年の金融恐慌、二九年の大恐慌と二〇年代を通じて日本社会に次々と押し寄せた苦難の嵐は、植民地期朝鮮も巻き込み、その経済を萎縮させたからである。なかでも一九一八年の米騒動を前後して、植民地期朝鮮は日本で不足した食料の供給基地として位置付けられ、以後十数年にわたって総督府の開発政策の重点は農業振興に置かれ、政府の開発資金は大部分農業部門に投下されることになる。この時期、農業優先の姿勢を打ち出していた総督府は、産米増殖計画を開発政策の中心に据え、工業投資にあまり意欲を示そうとはしなかった(1)。

しかしながらこの時期に工業化がまったく進展しなかったわけではない。一九二〇年に会社令が廃止されたことで、日本の資本家が朝鮮に進出し工場を設立したり、朝鮮人でも自由に工場を設置することができるようになったため、朝鮮の工業部門は一九二〇年代を通じて工場数・生産額ともに拡大していった。特に一九二七年に日本窒素によって朝鮮窒素肥料が設立されたことで製造業部門への投資が急増し、二〇年代の後半から化学工業が少しずつ進展する。

一九三〇年代に入ると状況は大きく変化することになる。総督府が朝鮮半島に対する開発政策の重点を、従来の農業開発から工業の振興にシフトさせていったからである。こうした政策転換の背景には、まずこれまで総督府が開発政策の目玉としてきた産米増殖計画の見直しがある。米騒動に対応して開始された産米増殖計画であったが、二〇年代後半から日本の米の生産は回復の兆しを見せ、三〇年代に入ってついに過剰生産を記録するに及んで、多くの地主が計画の見直しを求め、産米増殖計画は一九三三年に中止せざるをえなくなったからである[2]。

また総督府は、これまで朝鮮における工業化の進展が日本の工業にとって不利な競争を生みだすことを案じ、工業開発よりも農業開発を政策的に優先する態度を示してきたが、ある時期から総督府は、朝鮮における工業化の進展が「本国と競合するより、むしろ本国に寄与する[3]」方向で進められるべきであるという考えを抱くようになった。そしてこの考え方は、一九三〇年代に入って巧みに日本の軍事力に結びつけられながら強化されていくことになる。即ち日本の軍事力によって切り開かれた広大な満州市場が、朝鮮の工業化を可能にするというのが総督府のシナリオであった。やがて日本軍による大陸侵攻作戦の幕がきって落とされ、「北鮮ルート論（原文ママ）」や「大陸兵站基地化論」など一連の経済政策が次々と発表されるが、こうした植民地工業化推進論は、植民地期朝鮮の経済開発を大陸侵攻のための軍事戦略に位置づけた開発計画であった。植民地期朝鮮の工業化は、日本のアジア侵出という軍事目的と密接に結びつきながら進行していったのである。

三〇年代における植民地工業化の進展

一九二九年の大恐慌以後、日本経済は昭和恐慌という未曾有の経済低迷期に突入する。日本政府はその打開策として、一九三一年に「重要産業統制法」を制定し、統制経済体制への移行を進める。この法律は、結果的に日本企業の自由な国内活動を制限することになり、彼らの対外進出、なかでも統制適用外の地域であった植民地期朝鮮への進出を促すことになった。

また一九三〇年代に新総督に就任した宇垣一成（一九三一―三六年）や南次郎（一九三六―四二年）も、朝鮮半島の工業化を奨励し、朝鮮に進出した日本企業に保護関税・補助金・低利融資などの優遇策を講じたことで、日本資本の流入に拍車を掛けた(4)。

この時期、朝鮮に進出した日本企業は、三井、三菱、住友などの財閥を筆頭に日産、日本製鉄、鐘紡、東洋紡、大日本紡績など、経営活動の中心を日本国内に置く中堅財閥がほとんどであったが、一部、野口コンツェルン（日本窒素）、東拓（東洋拓殖株式会社）、朝鮮殖産銀行など、朝鮮半島内での経済活動を通じて成長を遂げた日本資本も少なくない。これら在朝日本企業は、三〇年代に入ってから従来の製糸部門だけでなく、綿紡績・紡織をはじめ繊維部門への投資を活発化させた。さらに一九三七年に日中戦争が開始されると、朝鮮における戦時経済体制も一層強化され、進出企業の重化学工業部門、特に軍需産業部門への投資が高まった。こうして朝鮮半島では軍需資源の開発が進み、金属、造船、鉄道車両・火薬・製紙・セメントなど、軍需関連産業がアンバランスな形で発達することになった。

とりわけこの時期（三〇年代）は、水力資源や鉱山資源が豊富な朝鮮半島北部の開発が進み、軍需産業の基盤となる重化学工業地帯が形成された。なかでも「北鮮（原文ママ）工業地帯」は、朝鮮半島屈指の先進工業地域であったと言われ、水力発電や地下資源（鉄鉱石、石炭、マグネサイト）、さらに日本海の水産資源（いわし油）と結びついた硫安・油脂・火薬・製紙、製鉄などの工業が発達

図1　植民地期朝鮮の工業総生産の推移

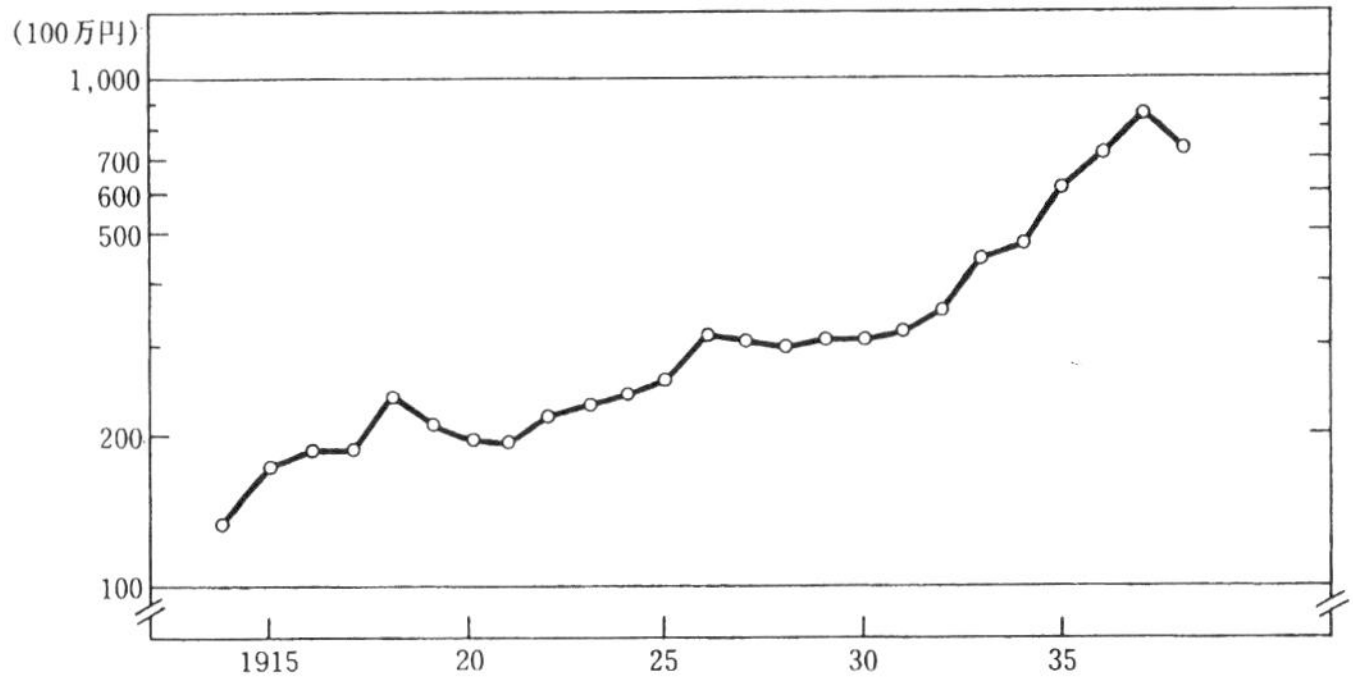

（出所）溝口敏行・梅村又次編『旧日本植民地経済統計』東洋経済新報社，1988年，50頁。

した[5]。朝鮮窒素株式会社興南工場（一九三〇）、日本高周波重工業城津工場（一九三六）、日本製鉄清津製鉄所（一九三八）、王子製紙吉州工場（一九三六）など、朝鮮北部でこの時期に成長した日本企業も少なくない。

植民地期朝鮮のこの時期の経済変動を数字で追ってみよう。植民地期朝鮮の工業生産の推移を示した**図1**をみると、生産額は一九一五年から三一年にかけて三億円を前後して推移しているが、一九三四年に四億円台に達するやその後著しい伸びを示し、特に植民地末期の三〇年代の後半に入ってからその生産額は急増している。

この結果、一九三一年から三八年の工業生産の平均成長率は一二・九%を記録するまでになった[6]。また一九三一年から四〇年までの工場数、生産額、労働者数の推移を追った**表1**をみると、この間に工場の数は一・五倍に、生産額は約六倍に、労働者数は約三倍に膨脹している。さらに三〇年代から四〇年代にかけての朝鮮半島における産業構造の変化を追った**表2**では、重化学工業部

表1　植民地期朝鮮の工場数・生産額・従業者数の推移（1931-40年）

年次	工場数	生産額（100万円）	従業者数（1,000人）	1工場あたりの従業者数（人）
1931	4,613	275.2	106.8	23.2
1932	4,643	323.3	110.7	23.8
1933	4,838	384.8	120.3	24.9
1934	5,126	486.5	138.8	27.1
1935	5,635	644.0	168.8	30.0
1936	5,927	720.3	188.3	31.8
1937	6,298	967.4	207.0	32.9
1938	6,624	1167.1	231.0	34.9
1939	6,953	1459.8	270.4	38.9
1940	7,142	1645.0	295.0	41.3

（注）1911-12年：従業者10人以上を使用する工場または原動力を有する工場。1913-28年：職工徒弟を通じ製造時期において平均1日5人以上を使用する工場，原動力を有する工場，または1カ年の生産額5,000円以上の工場。1929-40年：5人以上の職工を使用する設備を有する工場または常時5人以上の職工を使用する工場。
（原資料）朝鮮総督府『朝鮮総督府統計年鑑』各年版。
（出所）溝口敏行・梅村又次編『旧日本植民地経済統計』東洋経済新報社，1988年，51頁。

門がこの間に三四%から四九%に上昇しており、産業構造の高度化も読みとることができる。こうした数字をみるだけでも、改めて植民地後期の工業化の進展がうかがえる。

植民地工業化が民族資本に与えた影響

こうした日本資本の朝鮮進出に基づく植民地工業化の進展は、朝鮮内部に育ちつつあった民族資本にも当然影響を与えた。一九二〇年に会社令が廃止されてから民族資本による企業設立があいついだ（一九二〇年、九九件→一九二九年、二〇七件）が、民族系企業が朝鮮半島内で占める資本比率は逆に低下し（一九二〇年、一〇・五%→一九二九年、六・四%）、経営の主導権を

表2　植民地期朝鮮における産業構造の変化（1936-43年）

	1936年の生産額		1939年の生産額		1943年の生産額	
重化学工業		%		%		%
金属工業	33, 735	5	136, 092	9	300, 000	14
機械器具工業	13, 503	2	53, 225	4	115, 000	6
化学工業	159, 430	27	501, 749	34	600, 000	29
小　計	——	34	——	47	——	49
軽工業						
紡績工業	99, 477	14	201, 351	13	345, 000	17
窯　業	21, 876	3	43, 337	3	90, 000	4
木製品工業	9, 936	1	21, 061	1	120, 000	6
印刷製本業	13, 132	2	19, 373	1	24, 000	1
食料品工業	199, 883	27	328, 352	22	400, 000	19
ガス及び電気業	39, 988	5	30, 462	2	300, 000	2
繊維工業	103, 842	14	163, 270	11	26, 000	2
小　計	——	66	——	53	——	51
合　計	694, 802	100	1, 498, 272	100	2, 050, 000	100

（単位は 1, 000 円。）

（原資料）韓国銀行調査部『朝鮮経済年報』1948年版。
（出所）朴玄埰『韓国資本主義と民族運動』御茶の水書房，1985年，60頁。

日本企業が握る合弁企業に姿を変えて生き残ることも少なくなかった。(7)

この点について、これまでの植民地研究では、植民地工業化の進展にともなって日本資本と結び付いた一部親日派の民族資本（和信、湖南、三養、開豊など）が成長を遂げる一方、その他の民族資本は日本資本の圧迫の前にきわめて零細な状況に置かれ続けたという、「日本資本の進出と民族資本の没落」論が支配的であった。実際は、どうだったのだろうか。

一九一〇年代初頭から一九二〇年代末にかけての民族資本系工場の動向を示した**表3**は、植民地工業化の局面における民族資本系企業の変化を如実に物語っている。ここで示され

表３　植民地期朝鮮における民族系工場の動向（1911-28 年）

年 次	工場数	生産額（100 万円）	従業員数（1, 000 人）	1 工場あたりの従業員数
1911	66	2. 0	2. 4	36. 4
1912	98	2. 9	3. 6	36. 7
1913	139	2. 8	2. 7	15. 4
1914	175	2. 3	3. 4	19. 4
1915	205	3. 4	3. 4	16. 6
1916	416	5. 4	5. 2	12. 5
1917	605	8. 4	7. 4	12. 2
1918	815	22. 7	9. 2	11. 3
1919	965	30. 5	10. 6	11. 0
1920	943	21. 3	10. 2	10. 8
1921	1, 088	23. 9	10. 4	9. 6
1922	1, 336	21. 7	14. 8	11. 1
1923	1, 602	33. 7	16. 2	10. 1
1924	1, 768	51. 4	19. 3	10. 9
1925	2, 005	69. 2	21. 5	10. 7
1926	2, 013	83. 2	23. 7	11. 8
1927	2, 457	86. 1	26. 2	10. 7
1928	2, 751	90. 1	29. 1	10. 6

（原資料）朝鮮総督府『朝鮮総督府統計年報』各年版。

（出所）溝口敏行・梅村又次編『旧日本植民地経済統計』東洋経済新報社，1988 年，52 頁。

た「劣勢の朝鮮にあっても、工業数・従業者数・生産額いずれの構成比も次第に上昇する趨勢にあった[8]」事実は、日本資本の圧迫にもかかわらず民族系企業がたくましく成長したことを示している。これは、民族系企業が日本の植民地開発と無関係（自生的）に成長したことを示しているのか、それとも民族系企業が日本の植民地開発の結果として成長したことを示しているのか、研究者によって解釈の分かれるところであるが、いずれにせよ日本の植民地支配下で、朝鮮の民族系企業が成長した事実は否定できないと思われる。

植民地期朝鮮の工業化をめぐる論争

植民地末期朝鮮の工業化に対する二つの評価

これまで概観してきたように、日本の植民地支配末期に朝鮮における工業化は確かに進んだ。とりわけ一九三〇年以降、日本の植民地政策が、朝鮮半島の開発・工業化を促したことは否定できないだろう。

にもかかわらず、韓国の研究者が日本の植民地支配による朝鮮の開発・工業化に疑問を投げ掛けるのはなぜだろうか。ここで、誤解されないために断っておくが、韓国内の民族派のエコノミストや歴史家の多くは、けっして日本の植民地支配下での工業化の事実を否定してきたわけではない。彼らは工業化の実績を認めつつも、工業化の中身を問題にしてきたのである。

例えば韓国を代表する経済史家の一人、安秉直《アンビョンジク》は、かつて「一九三〇年代の工業化が物資的生産の急激な増大をもたらした」[9]ことを認めたうえで、植民地工業化の過程を分析して、その基本的性格を次の五点に求めたことがある。[10]

①三〇年代の植民地工業化の推進主体になったのは、朝鮮人の資本ではなく、日本人の資本であった。

②三〇年代の植民地工業化を担った日本資本の基本的形態は、商業資本ではなく産業資本であった。

③三〇年代の植民地工業化の担い手は、日本の独占財閥の資本であった。

④三〇年代の植民地工業化の進展は、朝鮮内に独立した経済循環を形成するものではなく、日本経済と結びついた経済循環を形成するものであった。

⑤三〇年代の植民地工業化における資本蓄積のプロセスには、国家独占資本主義的性格と封建的性格が結び合わされた植民地的性格があった。

かつての安は、このように、一九三〇年代の植民地工業化の過程を、「日本独占資本の資本蓄積の過程」であると同時に、「民族資本の没落の過程」[11]と捉えていた。そしてこの時期に成長を遂げた朝鮮人資本は、大東亜共栄圏の建設に積極的に参与した少数の「買弁資本家」（京城紡績、和信産業など）達にすぎないとみなしていた。

また民族経済の立場からこの時期の日本資本の運動の在り方を解明しようとした朴《パク》玄埰《ヒョンチェ》は、植民地支配下の工業化を次のように把握した。[12]

「原始的蓄積期、産業資本段階、金融資本段階の三段階に区分される日本資本の植民地韓国における運動は、それぞれの段階で、近代化の諸指標となる植民地韓国での社会的生産力の発展と資本主義的経済制度のより強固な確立、さらには産業構造の高度化などの形で、具体的に現れた。しかしこのことは、経済諸量や民族的利益を捨象した国民経済構造を基準とした場合においてさえも、植民地状況からの離脱を意味するものではなかった。

一方で農業は半封建的小作制度のもとにおかれたまま、工業の飛躍的発展が示されたが、それは国内的分業との関連をもたずに、宗主国とも遠隔地商業によって媒介されたものであったから、自主的構造を欠いていた。（中略）韓国の金属工業は、韓国内で得られる動力と地下資源を基盤に、軍需産業と結合して発展の素地を与えられ、一九三〇年代以後急速に成長する。しかしこれは、韓国内での国内的分業と関連をもつことなしに、日本工業に素材を提供する工業の跛行的発展というまさに植民地構造を持っていた。（中略）工業の部門で以上のように示された植民地下の韓国における植民地経済構造は、農業部門では半封建的地主・小作関係を中枢に据えた農業の前近代的状況での停滞と、農民の甚だしい貧困において示される。」

つまり朴によれば、一九三〇年代以降、植民地期朝鮮の工業は飛躍的な発展を遂げるが、それは基本的に日本本土の大資本の分工場にすぎないもので、朝鮮内の民族資本とはほとんど関連をもたず、むしろ日本企業の進出によって朝鮮人が経営する中小企業の一層の零細化と没落が引き起こされたというわけである。また同時に一九三〇年代の工業化とそれにつづく過程は、農業部門における農民の窮迫をもたらす過程であったという。つまり「民族経済の基盤に対する破壊」[13]こそが日本植民地下における工業化の実態であったというのが、朴の結論である。

朴玄埰が下した一九三〇年代の植民地工業化に関するこうした評価は、韓国の民族派[14]を代表する一般的な見解であると思われるが、こうした分析を裏付ける実証研究が韓国内で拡がりを見せつつある。開発エコノミストであると同時に優れた経済史家である金《キム》泳《ヨン》鎬《ホ》は、こうした先行研究を援用しながら、植民地工業化の歪みを以下の四点に求めている[15]。

①植民地期朝鮮においては、長期間にわたった工業投資が増加すればするほど朝鮮人労働者の実質賃金は、相対的にも絶対的にもむしろ減少している。

②植民地工業化の進展につれ、農業部門における小作料の相対的上昇がみられ、朝鮮の農民を没落させる原因になった。

③植民地工業化に伴って朝鮮人の細民、窮民、乞人、あるいは国外流失者が著しく増加した。

④日本の工業化を支えるために植民地期朝鮮の農業開発が進められたが、朝鮮人一人当りの米穀消費量は大幅に減少している。

即ち日本の植民地下で朝鮮における工業化は確かに進んだが、その内実は日本帝国主義による「民族の再生・自立を阻止・圧殺する破壊[16]」が進められた点で、「低開発の発展」に他ならないというのが金泳鎬の結論である。

以上、韓国を代表する三人のエコノミストの研究には、学問的アプローチこそ異なるが共通した認識が見られる。それは、一九三〇年代の植民地工業化が、基本的に日本本土あるいは日本人の繁栄をもたらすために推進されたものであり、朝鮮民衆（企業家、労働者、農民）の生活向上にはほとんど結びついていなかったという認識である。要するに植民地工業化の利益配分に与かったのは、日本人と一部少数の親日派「買弁資本」だけであり、ほとんどの朝鮮人はむしろ開発の犠牲者であったというのが、彼らの研究を貫く通奏低音である。

一方、独自の視点から朝鮮経済史を考察してきた京都大学の堀和生は、こうした「二重構造論」的把握に異議を唱える。(17) 日本から進出してきた企業が朝鮮における民族系企業とまったく産業的連関をもたないというのは不自然であり、またありえないというのが堀の問題提起である。確かに、韓国におけるこれまでの多くの研究は、植民地下の朝鮮経済を日本人セクターと朝鮮人セクターの二部門に分類し、両者の相互依存関係を否定し、むしろ両者の断絶や対抗関係（日本独占資本による民族資本の破壊、および後者の前者への抵抗）を強調するものが多かった。(18) 堀は植民地期朝鮮における日本企業と現地経済の「非接合」や「日本独占資本による民族経済の破壊」のみを強調する従来の「二重構造論」的研究を批判し、一九三〇年代に朝鮮に大々的に進出した日本企業と現地資本との関わりと、それを通じた朝鮮経済の変化を問題にしているのである。

例えば堀は、当時植民地期朝鮮に進出した日本窒素肥料コンツェルンによる電源開発は、「朝鮮全体の電力供給能力の増大」をもたらし、それは「電気化学工業のような電力多消費産業はいうまでもなく、電動機を使用する広範な工業が（朝鮮内部に）成立してくる基礎的な条件となった」[19]ことを力説している。

おそらく堀が指摘するような意味合いにおいて、植民地時代に朝鮮に進出した日本資本が現地経済の発展に有形無形の影響を与えたことは間違いなかろう。しかし植民地工業化が、朝鮮民衆（企業家、労働者、農民）の生活に及ぼした影響という点ではどうだろうか。すでにその面での負の作用（植民地下の農村開発を通じた日本への米の移出の増大による農民の困窮化と国外流出や、一九三〇年代に入ってからの朝鮮人労働者に対する低賃金強制労働の展開など）については詳しく論じてきたので、ここでは、植民地工業化が朝鮮民衆に及ぼした正の効果がはたしてあったのかどうかについて考えてみたい。

この点について、豊富な資料から植民地末期朝鮮の工業化過程における社会変化を追跡したカーター・エッカートは、日本人工場における①朝鮮人技術者の育成、②朝鮮人企業の台頭、③朝鮮人労働者の管理職への登用という視角から、興味深い実証研究をおこなっている。

まずエッカートは、当時「日本の使用者が民族的偏見と差別によって、朝鮮人労働者を職場で未熟練労働にとどめる傾向があった」[20]という韓国の学者達の通説的見解を批判し、実際には一九四〇年から四四年までの四年間に「朝鮮人の三級技術者は九〇〇〇人余りから二万八〇〇〇人近くまで増加していた」[21]事実を挙げている。これは、戦争の拡大とともに、徴兵で少なくなった日本人技術者の穴を朝鮮人で埋めなければならない日本政府の必要性から、「小学校から京城帝大に至るまで、すべての段階で職業訓練や技術教育の向上を図る計画を開始した[22]」総督府による植民地政策の恩恵を受けたものであったという。

さらにエッカートは、「戦時統制や同化政策にもかかわらず、かなり多くの朝鮮人企業家が四〇年代初頭まで工業部門で活動を続けていた[23]」事実を指摘し、日本の植民地支配が朝鮮人企業の勃興を抑制していたとする韓国学界の通説に疑問を投げ掛けている。彼の研究によれば、「一九四一年度の工業資本の四〇%以上は、朝鮮人によって運営されて」おり、「飲料、製薬・精米などいくつかの部門では朝鮮人企業の数が五〇%を超え、戦時下の基幹産業である金属では二八%、化学では三〇%、繊維では三九%が朝鮮人企業だった[24]」という。

またエッカートは、「日本大資本と、総督府や朝鮮殖産銀行・朝鮮銀行のような準政府機関でも、三〇年代に生まれたホワイトカラー層のなかに朝鮮人管理職を見出だすことができる[25]」とし、日本の植民地支配が朝鮮人の管理職への登用を妨げてきたとする韓国の学者達の見解を退ける。戦争が激しくなるにつれ日本人職員の人手が不足し、その空白を埋めるため戦争末期まで徴兵されなかった朝鮮人の登用が顕著になったというのが、彼の説明である。実際、拓殖銀行では植民地末期に近づくにつれ朝鮮人行員の比重が増し、一九四四年には朝鮮人行員が全体の四五―五〇%を占め、上級職行員のうち四〇―四五%が朝鮮人であったといわれている[26]。

親日派と民族派のはざまで生きてきた朝鮮民衆

韓国の学者達の先入観を批判する堀やエッカートの研究には教えられるところも少なくない。確かにこれまでの韓国の学者達の研究では、植民地期の日本人の朝鮮人に対する民族的偏見やレイシズムを強調するあまり[27]、日本人が朝鮮人の能力を評価するはずがないという思い込みが強かった。そのため総督府権力がかなりの朝鮮人（企業）に一定の利益を与えながら、彼らを日本帝国主義の利害のために利用してきたという側面を見逃してきた。こうした総督府の政策は、朝鮮の工業発展が日本本国に寄与するだけではなく、一部有能な朝鮮人を技術者や管理職につかせることで朝鮮人社会の階級分断を進め、彼らの民族解放運動の力量を弱体化させることを意図していたともいわれている[28]。

とはいえ、エッカートが指摘する日本工場で育成された朝鮮人技術者や、日本企業に登用された朝鮮人管理職が、いくらその数が多いとしても、結局韓国の民族派は彼らを「反民族的な対日協力者」と見做すだろう。彼らが帝国主義の側に立っている限り、所詮「民族経済の発展」に繋がらないという意識が、韓国民族派の根底にあるからである[29]。

また植民地下における朝鮮人企業の比率にしても、その数が多いか少ないかという評価は、読み手が植民地支配の収奪を強調するか、植民地工業化による変化を強調するかの立場によって大きく変わってくる。例えば、植民地末期まで払込資本金の九〇％以上が日本人資本であったことを示す総督府統計を、韓国の民族派が「朝鮮人（企業）の植民地経済への参与がほとんどなかった」と解釈するのに対し、エッカートは当時「日本人の手で経済を支配することが求められていた」ことを考慮すれば、「日本権力がわずか一〇%でも朝鮮人資本の存在を許したことに驚くべき」[30]というまったく正反対な評価を下している。

そもそも日本の皇民化政策の中で朝鮮人の民族性は否定され、日本経済の発展の一翼を担うべく進められた朝鮮の工業化なのであるから、そのような工業化は、どのように解釈しようが、けっして「民族経済の発展」には繋がらないというのが民族派の視角である。したがって「民族経済の発展」を評価の基準に据える限り、朝鮮人労働者の管理職への登用、朝鮮人技術者の形成、朝鮮人企業の台頭など、植民地工業化が朝鮮民衆に及ぼした経済的な効果はすべて等閑視されることになり、両陣営に歩み寄りの余地はない。

だが韓国の民族派のように植民地時代の朝鮮人やその企業を、親日派と民族派、買弁・隷属資本と民族資本に簡単に区分できるかと言えば、それは容易ではないだろう。民族派は「ごく一部の買弁資本や親日派を除けば、日本の植民地工業化の恩恵に与かったものはほとんどいなかった」というが、実際には日本の植民地支配に対して武装闘争を挑んだ抗日運動家は数的に少数派であり[31]、多数の一般民衆は、基本的には民族派の主張に同調しつつも、植民地時代を生きぬくために、親日派と民族派の狭間で揺らいでいたのである。

また日本資本とむすびついて成長した企業をすべて買弁・隷属資本として、民族資本と区別してしまうのもどうか。彼らの成長の原因をすべて日本の植民地政策に帰すことは朝鮮人自身の企業家能力を過少評価することになるし、実際、解放後日本資本が撤退した後も衰退することなく成長を遂げた朝鮮人企業も少なくない。植民地工業化の一端を担った朝鮮人企業は、多くの朝鮮人に就業機会を提供しつつ、企業として生き残るための苦汁の選択として日本資本との合弁に乗り出したものもいる。彼らは、植民地開発の波の中で日本資本と対立したり、ある時期は協調をしながら自らの企業を支えようとしたのである。このように考えると、梶村秀樹がかつて指摘したように、植民地支配下のほとんどの朝鮮人企業に「隷属的でかつ民族的な[32]」矛盾した二つの側面が並存していたと考えるのが妥当であると思われる。

植民地支配下の朝鮮社会は、その表裏で開発と収奪、同化と抵抗、親日と反日、隷属と自立という、まさに対立する二つの現象が相互に反目しながら、同時に進行した錯綜の時代であったといえる。重要なことは、こうした日本の植民地支配が生み出した二つの現象をいかにして統一的に把握するかという点にある。

おそらくこれまで少なくない韓国の学者たちが、植民地工業化による朝鮮社会の変化に目を塞いできたのは、日本の歴史認識や戦後処理問題と絡んでのことであろう。植民地工業化による経済成長を韓国側が認めれば、それがそのまま「日本は韓国によいこともした」という日本の要人たちの歴史認識を追認することになり、それは結果的に、「日韓条約における経済協力によって戦後処理問題は決着済み」という日本政府の論理を補強することになりかねないからである。

しかしここでの最大の問題は、その事実を肯定するか否定するかは別にして、日韓の要人達が双方ともに植民地工業化の進展を事実として認めることが、「韓国に利益をもたらした」という意味で肯定的に解釈されると思い込んでいることである。彼らは、完全に「植民地工業化の進展」という現象と「植民地収奪による民族（経済）の破壊」という現象を切り離して議論している。多くの韓国人は植民地工業化による朝鮮社会の変化に目を塞いで、植民地収奪の過酷さを主張するのに対し、日本の要人は、植民地収奪が朝鮮民衆に与えた精神的苦痛を等閑視する一方で、植民地工業化の進展を強調し、植民地支配の成果を絶賛する。

しかしすでに考察してきたように、植民地工業化の進展こそが、多くの朝鮮人を日本の軍事・経済機構に動員することによって、民族（経済）の再生産基盤を破壊し、民族の自立を阻止してきたのである。つまり、植民地開発による工業化の進展と植民地収奪を通じた民族の破壊をコインの表裏の現象と把握することによって、植民地支配下の朝鮮社会の変化がはじめて正しく理解されるのではないだろうか。そしてこうした植民地開発と収奪の狭間で揺れ動いた人々こそ、植民地工業化の主役となった歴史の主体に他ならないのである。

植民地工業化が解放後の韓国社会にもたらしたもの

植民地期と解放後の韓国社会の変化と連続性

以上のような性格をもつ日本の植民地開発は、それでは解放後の韓国社会にどのような遺産を残したのであろうか。最後に、インダストリアリズムの視点から、植民地期と解放後の韓国社会の変化と連続性について考察してみたい。

　植民地期と解放後の韓国社会の変化と連続性を考えるうえで、一九八〇年代を通して韓国社会に流布した「韓国社会構成体論争」は、いくつかの示唆を与えてくれる。この論争の一つの大きなテーマは、解放後の韓国社会の性格を規定するにあたって、その歴史的前提となる日本植民地下の朝鮮社会の性格をどのように捉えるかという問題であった。当時の韓国の学界や労働団体などの運動圏では、日本植民地下の朝鮮社会を資本主義社会と認識するグループと、それをあくまで植民地・半封建社会と捉えようとするグループに分かれて、激しい論争が展開されていた[33]。

　まず、日本植民地下の朝鮮社会を資本主義社会構成体と考える学説を主張したのは、権寧旭《コンニョンウク》である。彼は、日韓併合から土地調査事業が終了した一九一〇年から一九二四年までを封建社会から資本主義社会への移行期と捉え、植民地工業化が本格化した一九三〇年以降を実質的な資本主義社会と規定する[34]。この際、権は一九三〇年代を資本主義社会と捉えたメルクマールとして、一九三〇年代に入って工産品生産額の比重が農産品生産額のそれを上回った業種別生産構造の変化を挙げている[35]。ここでは、解放後韓国における資本主義発展の起点が一九三〇年代の植民地工業化期に求められているといってもよい。

　一方、国家独占資本主義論に依拠する朴玄埰は、一九一〇年の日韓併合を起点にして、朝鮮が資本主義社会に移行したと主張する。彼はさらに、日本植民地支配下の朝鮮経済を、①一九〇五年から一八年にかけての資本の原始的蓄積の段階、②一九一九年から二九年にかけての産業資本段階、③一九三〇年以降の金融資本段階に区分し、植民地化の過程を資本主義の深化の過程と理解する。[36] ここで、朴は一九三〇年代における日本資本の広範な進出を植民地期朝鮮の資本主義化を大きく促すものと解釈する点で権寧旭と共通の理解を示しているが、一九一一年から一八年にかけての土地調査事業を、資本制化の前提条件としての本源的蓄積過程と解釈している点で、権の見解とは食違いをみせている。

権説と朴説は資本主義への移行期を一九三〇年代に求めるか、それとも一九一〇年の日韓併合期に求めるかの違いこそあれ、両者とも解放後の韓国における資本主義発展の起点を日本の植民地期に求めている。この点で、植民地期と解放後の韓国社会における社会構成体面での連続性が強調されているといってもよいだろう。

これに対して、李大根《イテグン》をはじめとする周辺部資本主義論者は、梶村秀樹の「旧植民地社会構成体」論[37]を援用し、植民地期朝鮮社会を「植民地半封建社会構成体」と規定する。[38] この際、李は論争の過程で、少なくとも一九二〇年代まで日本は植民地期朝鮮における前近代的な半封建的土地所有関係を強化しつつあったとして、朴玄埰の「日韓併合＝資本主義化」説を批判するとともに、[39] 一九三〇年代の植民地工業化期においても朝鮮社会の基本的な経済範疇は依然として植民地地主制にあったとして、権寧旭の考え方にも異議を唱えている。[40] そして彼は、韓国社会がこうした植民地段階の「植民地半封建社会」を経て、解放後はじめて中心部資本主義に大きく規定され、そしてその結果、植民地的・従属的性格を帯びた「周辺部資本主義」社会に転化したと主張する。[41]

この説では、「周辺部資本主義」への転化の起点を、農地改革が実施され、植民地地主制が凋落の道を歩むようになった解放後に求めている点で、植民地期と解放後の韓国社会の変化が強調されているようである。少なくともここでは、社会構成体面での解放前後の非連続性がみられる。しかしながらこの説においても、韓国社会が世界資本主義システムの中で位置づけられた「周辺性」の起源が植民地期に求められているという点では、解放後の連続した韓国社会の性格が強調されているといえるだろう。

解放後も「親米派」として残存した「親日派」の功罪

解放後の韓国社会を「国家独占資本主義」と規定するか、それとも「周辺部資本主義」と規定するかはさておき、かような「資本主義」的発展を導いた「開発の指導層」自体は、植民地時代の権力機構や支配勢力となんらかの連続性をもっているのだろうか、それとも断絶しているのだろうか。

結論から言えば、解放後、経済復興に着手した新たな支配勢力（与党政治家、軍部エリート、財閥創設者など）のかなりの部分は、植民地時代に反日独立運動を闘った人々ではなく、植民地教育の洗礼を受け、総督府権力の下で優遇された、旧親日派勢力であった。結果的に植民地時代の独立運動家たちは、権威主義的な開発主義に抵抗する民主化勢力にはなりえても、決して開発の中心的な勢力にはならなかった。その意味で、韓国社会の解放後の経済復興や経済開発は、植民地権力との連続性を抜きにして語ることはできないと思われる。

親日派とは「植民地時代の朝鮮人官僚、警察官、それに日本人の庇護のもとで富を築いた朝鮮人地主、企業経営者」あるいは「大日本帝国の尻馬に乗り戦争の美化に手を染め、朝鮮の青年たちを戦争へ駆り立てる役を買って出た知識人[42]」など当時の「附日協力者」を指す。彼らの多くは、民衆による執拗な親日派駆逐運動にもかかわらず、解放後「親米派」に姿を変え、米占領下で軍政庁の幹部に登用されたり、植民地時代に培った財力と人脈にものをいわせて新たな権力機構の中枢に上りつめていった[43]。

ちなみに解放後の親日派人脈について調査を続けた林鍾《イムジョング》国の研究によれば、李承晩《イスンマン》政権下の第一共和国（一九四八―六〇年）における親日派該当者は、国務総理経験者九六名中三〇名（三一％）、歴代の内務部長官一九名の内八名（四二％）、財務部長官八名の内四名（五〇％）、法務部長官九名の内五名（五六％）、国防部長官七名の内二名（二九％）、文教部長官六名の内一名（一七％）、農水産部長官一五名の内四名（二七％）、商工部長官一〇名の内六名（六〇％）、復興部長官四名の内二名（五〇％）、社会部長官五名の内一名（二〇％）、逓信部長官八名の内二名（二五％）にのぼっている[44]。李承晩体制下の司法部でも、計一九名輩出した大法院長および大法官のうち、実に一三名が親日派該当者であった[45]。こうした権力機構における親日派重視の登用はその後も継承され、張勉《チャンミョン》政権下の第二共和国（一九六〇―六一年）で誕生した長官三五名の内二〇名が親日派該当者であったといわれている[46]。

では何故、駆逐されるべき親日派が解放後も権力の中枢に居座ることになってしまったのか。理由はいろいろと考えられるが、①米軍政庁が日本統治時代に高等教育を身につけた旧親日派の朝鮮人を幹部職員として優先的に登用する一方、かつての民族運動の指導者を思想主義者として意識的に遠ざけたこと、②米国によって朝鮮人側の指導者に祭り上げられた李承晩が、建国に当たって親日派の排除以上に、民族の力を結集することを優先したこと[47]、さらに③植民地時代の独立運動が、分派作用を克服できなかったことは[48]、親日派の処罰問題をうやむやにしてしまった原因として特記されるだろう。

いずれにせよ李承晩は朝鮮の自主独立、さらには連立政権の維持にあたって、好むと好まざるとにかかわらず、親日派の人々を利用せざるをえなかったのである。

こうして権力機構の中枢に返り咲いた旧親日派グループは、解放後の韓国経済の復興・開発にあたって大きな役割を演じることになった。なかでも親日派から「親米派」に変身した彼らが、左派独立グループが唱えた「民族の自立」イデオロギー以上に、「経済復興・開発」イデオロギーを優先し、米国から経済援助を引き出したことは、その後の韓国の外資（日米）依存型の成長路線に決定的な影響を与えたといえる[49]。

むすびにかえて

日本による植民地期朝鮮の工業化の是非をめぐって、今日まで日韓双方で激しい論争が繰り広げられてきた。しかし植民地工業化の進展を強調し、かなり多くの朝鮮人がその利益配分に与かったはずであると主張する日本側と、植民地工業化を認めつつも、大部分の朝鮮民衆はその恩恵には浴さなかったとする韓国側の間には、残念ながら議論の余地さえなかったように思われる。なぜ、こうした不毛な論争が続けられたのか。

その原因の一端は、植民地支配が朝鮮民衆に与えた精神的苦痛を等閑視し、戦後処理を放置してきた日本側の姿勢にもあるが、植民地開発の恩恵に与かった企業や民衆を「買弁資本」や「親日派」と見做して切り捨て、植民地下のほとんどの企業と民衆を開発の犠牲者として一面的に捉えてきた韓国側の研究姿勢にも問題がある。韓国の学者が、当時の企業や民衆を「買弁資本」と「民族資本」、「親日派」と「反日派」に分類し、前者を植民地政策に協力した悪玉、後者を植民地収奪の犠牲者と考えるかぎり、日本の植民地開発と朝鮮民族の抵抗運動の狭間で揺れ動いた大部分の企業人や朝鮮人労働者のほんとうの生きざまは見えてこないのではないだろうか。むしろ重要なことは、「親日」行為に走った朝鮮の人々が、植民地工業化の過程で、また解放後の復興・経済成長の過程で、どのような役割を演じたのかを明らかにしていくと同時に、植民地開発を通じた近代化が、解放後の韓国や北朝鮮にどのような葛藤を生みだしたのかを解明していく作業であると思われる。(50)

注

（1）C・J・エッカート「植民地末期朝鮮の総力戦・工業化・社会変化」『思想』一九九四年七月号、三一頁。

（2）産米増殖計画の詳しい内容については、河合和男『朝鮮における産米増殖計画』未来社、一九八六年。

（3）エッカート、前掲論文、二九頁。

（4）同上論文、三三頁、および山本有造『日本植民地経済研究』名古屋大学出版会、一九九二年、一七三頁。

（5）鄭章淵「朝鮮北部の開発」、高崎宗司他『日本と朝鮮』東京書籍、一九九一年、一六一頁。

（6）溝口敏行、梅村又次『旧日本植民地経済統計』東洋経済新報社、一九八八年、五〇頁。

（7）鄭章淵、前掲論文、一六四頁。

（8）金子文夫「植民地投資と工業化」『近代日本と植民地3』岩波書店、一九九三年、四四頁。

（9）安秉直「日帝独占資本進出史」高麗大学校民族文化研究所『韓国現代文化史体系四——政治・経済史』高麗大学校民族文化研究所出版部、一九七八年、五八一頁。

（10）同上論文、五九一頁。

（11）同上論文、六〇七頁。

（12）朴玄埰「解放前後ノ民族経済ノ性格」『韓国社会研究』創刊号、ハンギル社、一九八三年、三七五—三七七頁。

（13）前掲論文、三八九頁。

（14）韓国における民族派の系譜については、鄭允炯「経済学ニオケル民族主義的傾向」宋建鎬・姜萬吉『韓国民族主義論』創作と批評社、一九八二年および李静和「韓国における民族主義」『思想』一九九三年七月号参照。

（15）金泳鎬「脱植民地化と第四世代資本主義」『近代日本と植民地8』岩波書店、一九九三年、一三八—一三九頁。

（16）同上論文、一四〇頁。

（17）堀和生『朝鮮工業化の史的分析』有斐閣、一九九五年、九—一三頁。

（18）例えば、Sung-ChulSuh, *Growth and Structural Change in the Korean Economy 1910-40*, Cambridge: Harvard University Press, 1978.

（19）堀和生、前掲書、二六二頁。

（20）Eckert, "The War Industrialization, and Sosial Change in Late Colonical Korea" in *The Japanese War time Empire, 1931-45*, ed. Peter Duus, Ramon H. Myers, and Mark R. Peattie (Princeton University Press, 1996), p. 37.

（21）*Ibid.*, pp. 20-21.

(22) *Ibid.*, p. 20.
(23) *Ibid.*, p. 23.
(24) *Ibid.*, p. 23.
(25) *Ibid.*, p. 24.
(26) *Ibid.*, p. 26.
(27) 植民地支配下における朝鮮人労働者に対する差別的処遇については、拙稿「日本のなかのもう一つの外国人労働者問題」奥山眞知・田巻松雄編『二〇世紀末の諸相』八千代出版、一九九三年を参照のこと。
(28) Eckert, *Ibid.*, p. 22.
(29) 韓国の民族派に大きな影響を与えた梶村秀樹は、民族資本を買弁資本ないし隷属資本の対立概念と捉え、それが基本的に帝国主義の側にたつか、それとも反帝の側にたつかで、両者は区分されると言う（梶村秀樹『朝鮮における資本主義の形成と展開』龍渓書舎、一九七七年、二一八頁）。
(30) Eckert, *Ibid.*, p. 22.
(31) グレゴリー・ヘンダーソンは植民地時代に民族運動に身を投じた朝鮮民衆は全体の五％以下にすぎないと述べている（G. Henderson, *The Politics of the Vortexs*, Harvard University Press, 1968. p. 110）。
(32) 梶村秀樹、前掲書、二三三頁。
(33) 韓国における社会構成体論争については、チョ・ミン「韓国社会構成体論争ノ現状ト課題」『国家独占資本主義論1』ハヌル社、一九八六年、拙稿「韓国における資本主義発展の性格をめぐる論争」大阪市立大学『経済学雑誌』第九二巻第二号、一九九一年などの文献を参照のこと。
(34) 権寧旭「旧植民地経済研究ノート」『植民地半封建社会論』ハヌル社、一九八四年、四一三頁。
(35) 同上論文、四二一頁。
(36) 朴玄埰「解放前後ノ民族経済ノ性格」『韓国社会研究』創刊号、ハンギル社、一九八三年、三七二頁。
(37) 梶村秀樹「旧植民地社会構成体論」冨岡倍雄・梶村秀樹『発展途上国経済の研究』世界書院、一九八〇年。
(38) 李大根「韓国資本主義ノ性格ニ関シテ」『創作ト批評』通巻五七号、一九八五年、三五七頁。
(39) 同上論文、三五四頁。
(40) 同上論文、三七〇頁。

(41) 同上論文、三五四―三六五頁。
(42) 李景珉『朝鮮現代史の岐路』平凡社、一九九六年、一五四頁。
(43) 同上書、一五八頁。
(44) 林鐘国(コリア研究所訳)『親日派』御茶の水書房、一九九二年、四〇四―四一八頁。
(45) 同上書、四五五頁。
(46) 同上書、四九〇頁。
(47) 李景珉、前掲書、一七〇頁および一七八頁。
(48) 林鐘国、前掲書、四一九頁。
(49) 民衆による人民委員会の手で親日派が処罰された北朝鮮では、「開発」イデオロギーよりも「外勢からの自立」イデオロギーが優先された。この結果、北朝鮮は西側世界の「新国際分業」に組み込まれることを嫌い、その後の国民経済の復興・成長に大きなハードルをかけることになってしまった。
(50) 本稿では、安秉直教授による植民地支配の評価を、この研究を学会で発表した時点(一九九五年)のまま「植民地半封建社会論」に立った「二重経済論(日本独占資本の繁栄と民族資本の没落)」の典型例として紹介している。しかし、その後、安教授はこうした主張を撤回、日本の植民地時代を侵略と収奪の歴史としてだけ捉えるのではなく、侵略と開発の両面をもったものとして把握すべきであるという「植民地近代化論」を提唱するようになった(安秉直「韓国近現代史研究ノ新タナパラダイム」『創作ト批評』通巻九八号、一九九七年冬)。だが、こうした安教授の主張は、解放後の韓国の経済成長の起源を日本の植民地期に求めるもので、日本の侵略を擁護しかねないとして、韓国の学界から激しい批判にさらされている。

(初稿、一九九七年、改稿、二〇〇五年)

第Ⅰ部　韓国を見る眼

第1章　日本文化の解禁は新しい日韓関係を切り開くか

はじめに

一九九七年、私は勤務先の大学から韓国で研究するチャンスを与えられ、長年の夢であった一年間のソウル遊学を果たした。毎日、午前中は語学堂（大学内にある外国人向けの語学研修施設）で韓国語会話の特訓を受け、午後からは夜中までパンソリ（韓国の古典芸能の一つ）を聞きながら、韓国の文献を読んで暮らした。

それは、日本で生まれ育った在日コリアン三世の私にとって、身体に染みついた日本文化を洗い流し、祖国の民族文化にふれる絶好の機会であった。しかしやがて、韓国社会には私の想像以上に、日本の大衆文化が蔓延していることを知った。実際、明洞《ミョンドン》、新村《シンチョン》、大学路《テハンノ》など韓国の若者が溢れるソウルの繁華街は、日本の大衆文化に埋め尽くされていた。

日本の流行歌が歌えるノレパン（カラオケボックス）はもちろん、「ローソン」や「サークルK」などの日本のコンビニ、「ドトールコーヒー」や「吉野家」などの日本のファストフード店も軒を連ね、「マクドナルド」や「ケンタッキー」に劣らぬ存在感を示している。

日本から上陸したテレクラには一夜の愛を求める男たちが溢れ、店先のプリクラには『アンアン』『ノンノ』『ＪＪ』など日本のファッション誌を抱えた女子学生が行列をつくっている。ソウル最大の大規模書店「教保《キョボ》文庫」のベストセラー・コーナーには、驚くべきことに渡辺淳一の『失楽園』や春山茂雄の『脳内革命』、また中谷彰宏のハウツー本の翻訳が山積みになっているではないか。文芸コーナーには、村上春樹や吉本ばななの専門コーナーも設けられている。ちなみに『失楽園』は、韓国人の監督と俳優による韓国バージョンの映画が年内に公開されるという。コミックの専門店に行けば、『クレヨンしんちゃん』や『課長島耕作』など、ハングルに翻訳された日本のコミックが売られ、テレビでも連日、日本のアニメが放送され、人気を呼んでいる。

いったい、ここはどこだ。本当に反日感情が渦巻く韓国なのか。そんな錯覚を覚えるほど、日本の大衆文化はすさまじい勢いで韓国社会に浸透していた。

日帝支配のトラウマから解放されない旧世代

韓国では、日本の映画を上映したり、日本の歌謡曲のＣＤやレコードを販売することは、原則的に禁じられている。また日本人歌手のコンサートや、日本の劇団による演劇上演も厳しく規制されてきた。日本の植民地として民族文化を否定された国民感情がまだ十分に払拭されていないというのが、禁止する理由である。

振り返れば、韓国の近代化の第一歩は、植民地時代における日本文化の移植から始まった。それは、韓国古来の伝統的な民族文化を破壊し、日本的なものにつくりかえる過程でもあった。日本の植民地支配下で、韓国人は、民族名を名乗ることも、民族の言葉を喋ることも、民族衣装を着ることさえもままならなかった。彼らは、皇民化政策によって日本名を名乗り、日本語を喋り、日本文化に染まることを余儀なくされた。

韓国の旧世代には、「三十六年に及ぶ日本の植民地支配で、いったんは民族が滅びる寸前までいった」（金両基《キムヤンギ》・静岡県立大教授談『朝日新聞』大阪版、一九九八年八月二一日付）苦い思い出がある。韓国政府がいまだに日本文化の対韓進出を警戒するのは、こうした日帝三六年のトラウマから解放されていないからである。

といっても、日本の大衆文化の輸入を禁じた実定法が存在するわけではない。確かに、韓国の公演法第一九条には「国民の感情を害する恐れのある外国の公演物はその公演を禁じる」とあるが、日本の大衆文化の公開を禁止するとはどこにも書かれてはいない。

ところが韓国政府の文化体育部（現・文化観光省）は、この法律を楯に日本映画の上映やビデオの販売、日本人アーティストの公演活動からＣＤの販売までを厳しく規制してきた。つまり、法律上は日本の大衆文化を規制する条文はないのに、現実的には日本の大衆文化だけが規制対象になってきたのである。

文化体育部の取り締まり対象は、日本人が作った映画や歌謡曲だけではない。それは、日本で活躍する韓国系歌手が歌う日本語の曲や日韓合作映画にも及んでいる。

日本文化解禁に揺れる国民感情

一九九五年二月、在日コリアンの血を引く都はるみのチャリティーコンサートが韓国で企画されたが、文化体育部が許可を出さず、実現しなかったことは記憶に新しい。

九六年七月、日本の女優石田えりが主演した日韓合作映画「愛の黙示録」の試写会が、ソウルの韓国映画振興公社で開催された。このときも、韓国映画学会が主催する技術試写会という名目であったにもかかわらず、文化体育部から試写の許可が下りたのは試写会が始まる直前であった。韓国政府は、この日韓合作映画の上映がきっかけで、日本文化の解禁につながることをずいぶん警戒したといわれている。

日本でもこの映画を見た方は多いと思う。映画の内容は、木浦《モッポ》で孤児三千人を育てた在韓日本人、田内千鶴子さんの生涯を描いたもので、きわめて人道的色彩の強い映画であった。試写会は四回に分けて実施され、会場は毎回、立ち見客が出るほどの盛況ぶりであった。「愛の黙示録」は韓国のマスコミでも話題になった。マスコミの反応は上々で、「上映の基準を国籍よりも映画の内容に置くべき」(『聯合通信』)といった日本映画の規制緩和論や、「もっと客観的な姿勢で日本文化開放に対する議論を重ねるべき」(『中央日報』)といった日本映画解禁への期待論がマスコミの大勢を占めた。

しかし日本のNHKに当たる韓国放送公社（KBS）は、「日韓合作といいながら、実際は日本映画の解禁のきっかけになるとの憂慮の声がある」と警告した。

映画や歌謡曲など日本の大衆文化の受け入れを禁止しているのは、規制を望む国民感情に配慮した結果だ、と韓国政府は述べているが、実際のところはどうなのであろうか。

九五年二月、韓国政府は日本の大衆文化開放についての世論調査を実施した。結果は、政府の予想に反して、「即刻開放すべき」五％、「二、三年後に開放すべき」一二％、「段階的に開放すべき」四四％で、「絶対不可」は一八％にすぎなかった。

また同年七月に『朝鮮日報』が行った世論調査でも、「なるべく早く開放すべき」と「部分的に徐々に開放すべき」を合わせた答えは六二％にのぼった。特に二十代では七四％、三十代でも六五％を占めた。一方、日本文化の開放に反対する人は全体の三二％と政府調査を上回ったものの、その比率は三分の一程度である。

しかし、いずれの調査でも「部分的に徐々に開放すべき」と答えた人が最も多く、日本の大衆文化の急速な浸透には依然ためらいがみられることも事実である。

九六年六月、米国映画「将軍前田」が韓国で劇場公開された。日系人俳優ショー・コスギが主演したサムライ映画で、日本では九一年に公開されたが、韓国での公開は大幅に遅れた。三船敏郎など多くの日本人キャストが出演し、日本語の台詞も出てくるために、「事実上の日本映画解禁」とマスコミが騒ぎたて、公開が延期されていたのである。

この年、ようやく上映が決定されると、今度はさまざまな市民団体から上映反対の声があがった。またソウルのある劇場では、「上映を強行すれば（劇場に）爆弾をしかける」といった脅迫電話がかかり、警察がつめかけるほどの騒ぎとなった。こうした事件は、韓国人の一部に依然として、日本の大衆文化に対する根強いアレルギーが残っていることを物語っている。

日本のサブカルチャーを積極的に受容する新世代

韓国の一部に日本文化に対する根強い抵抗感が存在するとはいえ、日本の大衆文化はすでに論じたように韓国社会に深く浸透しつつある。

先の『朝鮮日報』の世論調査によると、「日本の歌を聞いたり、歌ったりしたことがある」韓国人は全年齢層の五五％、二十代では六八％を占めた。これは、韓国の街角で日本人歌手のCDの海賊版が非合法で売られていたり、やはり非合法ながら、カラオケバーで日本の流行歌が流れているためである。

私が留学中よく通った高麗大学付近のカラオケボックスでは、韓国の大学生たちが長渕剛やＸ　ＪＡＰＡＮの曲をよく歌っていたのを思い出す。Ｘ　ＪＡＰＡＮのｈｉｄｅが自殺し、五月に東京の築地本願寺で行われた葬儀には三万人あまりの若者が集まった。自殺のニュースはソウルにもただちに流れ、日本と同様、泣きだす若者も少なくなかったそうだ。

映画の劇場公開やビデオの輸入販売は禁じられているが、「日本映画を見たことがある」韓国人は三〇%に達している（九五年『朝鮮日報』世論調査）。これは、昨今の通信衛星の発達で、韓国の一般家庭でも専用アンテナを取り付ければ、日本の衛星放送が簡単に見られるようになったことが影響している。九〇年に行われた釜山大学の世論調査でも、日本の衛星放送を見たことがある韓国人は全体の五三%、韓国民の二人に一人が、日本の衛星放送を通じて、日本のドラマや映画を楽しんでいることがわかった。

日本映画の劇場公開は原則的に禁じられているが、映画関係者による映画祭や試写会という形で文化体育部の検閲の網の目をかいくぐって上映されている。九二年、「アジア太平洋映画祭」で日本映画として初めて「遠き落日」など五本の映画が紹介されたのを皮切りに、九六年の第一回釜山国際映画祭では、小栗康平監督の「眠る男」など計一四本の日本映画が上映された。

こうした映画祭に加えて、多くの大学の映画サークルが学内で自主的に日本映画を上映している。一九九七年一〇月、私が客員教授として招かれた高麗大学でも、学生サークルの一つ、日本文化研究会の主催で日本映画フェスティバルが開催された。周防正行監督の「Shall we ダンス？」や岩井俊二監督の「Love Letter」、北野武監督の「その男、凶暴につき」などの話題作がハングルの字幕つきで次々と上映され、つめかけた学生たちの喝采を得た。

日本の大衆文化の代表といえるコミックや雑誌はどうだろうか。調べてみると、韓国政府は、八七年から日本の書籍や雑誌の輸入規制を全面撤廃している。その後、日本のコミック、雑誌、書籍類が急速に韓国の市場に流れ込んでいったようだ。

先の調査でも、日本の本や雑誌を読んだことがある韓国人は全体の四九％、ほぼ半数に達している。二十代では、実に五九％の韓国人が「読んだことがある」と答えている。特に『アンアン』『ノンノ』『ＪＪ』など日本のファッション誌の人気が高く、最先端の流行を求める韓国の若い女性に強い影響力を与えている。

日本のコミックの韓国市場への浸透も目覚ましい。駅や町の売店で売られている週刊誌には、『名探偵コナン』『ゴルゴ13』『釣りバカ日誌』など、ほとんどの日本の人気漫画が台詞の部分だけハングルに置き換えられて連載されている。

ソウルの地下鉄に乗ると、こうした日本のコミックを読みふけっている中高生をよく見かける。実は韓国の受験競争も日本に劣らず厳しい。そうした彼らを癒してくれる主要な娯楽は、実はテレビゲームと日本のコミックなのである。中高生の時代から日本の漫画を読んで育った高麗大学三年生の全志万《チョンチマン》さん（二十六歳）は、「読んできた漫画の大部分が、ある日突然、日本の作品であることを知って驚いた」という。多くの子供たちは、全さんのように日本の漫画とは知らずに読んでいる。日本の漫画は、日本文化という色眼鏡を超えて、韓国の若者の心をとらえているようだ。

日本文化輸入禁止措置の弊害

このように日本の大衆文化は、歌謡曲、映画、ファッション、漫画などサブカルチャーを中心に、「新世代」と呼ばれる韓国の若い世代に普及し、一定の市民権を得つつある。実際、映画やアニメなど日本のサブカルチャーのなかには、世界的に評価された作品も少なくなく、韓国でも公開が待ち望まれている。

しかし残念なことに、日本のサブカルチャーのなかでも優れた作品が、厳しい規制によって一般公開されないことが多い。そして日本文化の規制が、かえって不幸な結果を招くこともある。

九六年一月、韓国の人気歌手グループ「ルーラ」のリーダーが自殺をはかり、未遂に終わるという事件が起こった。事の発端は、彼らが作曲したと思われていたヒット曲「天上有愛」が、日本の歌謡曲を盗作したのではないか、というファンからの抗議であった。

リーダーは当初、盗作を否定していたが、マスコミからの激しい追及の結果、日本の歌手グループ「忍者」が歌ってヒットした「お祭り忍者」をそっくりそのままコピーしたものであることを認め謝罪。リーダーは、良心の呵責から自殺をはかったのである。もし音楽著作権など両国の法的手続きを経て、韓国内でも日本の歌謡曲を歌うことが認められていたら、こうした事件は起こらなかったかもしれない。

ちなみに私が韓国滞在中、ラジオから流れてきたヒット曲のなかに、私が大好きな杏里や今井美樹など、日本の歌手の聞き覚えのあるヒット曲のコピーがたくさんあった。まさに日本文化の規制が韓国歌謡界における「盗作の温床」になっているのである。このような状況は、韓国の民族文化を育てようとした対日輸入禁止措置が、逆にいくつかの分野で、韓国における大衆文化の日本化を促すことになった一例である。

　優れた日本文化の紹介が規制される一方で、規制をかいくぐり非合法な形で侵入した低俗な日本のサブカルチャーが、韓国の青少年に悪影響を与え始めている。

　なかでも一九九七年七月、ソウル市内の学校で起こった「赤いマフラー」事件は、関係者に衝撃を与えた。この事件は、ソウルの男子高校生三人が一人の女子中学生との性行為を家庭用ビデオで撮影し、これをダビングしたビデオを学校の友人に一万ウォンから一〇万ウォン（約一五〇〇―一万五〇〇〇円＝当時）で販売したというものである。「赤いマフラー」と名づけられたこのビデオは、やがて学校内の不良グループの手で大量にダビングされ、一般生徒にも普及するようになった。関係者の証言では、一一の高校で三百人近い生徒がこのビデオを購入したという。逮捕された生徒は、取り調べに対し「日本のアダルト・ビデオに刺激されて作った」と証言した。韓国のマスコミは、この事件をきっかけに「青少年非行の背後に、日本の低俗な大衆文化がある」と報じた。

　一九九七年一二月に発覚した「一心会」事件は、こうしたマスコミの論調をいっそう強くさせるものであった。この事件は、韓国の中高生の不良グループが「一心会」という暴力組織を結成し、恐喝や窃盗などの犯罪に走ったというものだが、彼らがこの暴力組織を結成した背景には日本の漫画の悪影響があったといわれている。

　「一心会」の幹部は、警察の取り調べに対し、『キャンパス・ブルース』など日本の学園番長を主人公にした漫画にヒントを得てこの暴力組織を結成したと述べている。いくつかのマスコミは事件が起こる前から、たびたび「日本の漫画」特集を組み、「日本の漫画は韓国青少年の暴力教科書」（『朝鮮日報』一九九七年七月一七日）と警鐘を鳴らしてきたが、不幸にも彼らの予想は的中してしまった。

こうした風潮に対し、日本に留学経験があるサラリーマンの朴祥然《パクサンヒョン》さん（二十七歳）は、「韓国でも放送されている『ドラゴンボール』は、暴力シーンがリアルで子供たちには見せられない」と述べ、大学で日本文化を学ぶ同徳《トントク》女子大学三年生の陳美英《チンミヨン》さん（二十二歳）も、「日本のポルノ漫画が青少年に歪んだ女性観を植えつけている」と指摘する。

外国漫画審議委員会は、「一心会」事件の直後、日本の漫画のうち青少年に悪影響を与えると思われる数十種の作品を輸入禁止ならびに公開禁止にすると発表した。日本の漫画に頻繁に登場する暴力シーンや性描写が、青少年に悪影響を与えると判断したからである。

日本文化の輸入禁止と文化的「脱日」のジレンマ

日本のビデオや漫画の悪影響を受けた韓国の青少年非行が横行するにつれ、各界各層から日本の大衆文化の輸入禁止を求める声が高まった。一方で「規制は無駄」という声もささやかれ始めている。一九九八年、新大統領に就任した金大中《キムテジュン》氏は「日本の大衆文化の受け入れを恐れることはない。現在はその流入を禁じていることで、よい内容のものは入ってこず、逆に暴力とセックス主体の悪いものばかりが流入している」（『朝鮮日報』一九九七年七月一七日）と述べ、むしろ日本の大衆

図2　日本の漫画を紹介する韓国の新聞

조선일보

Culture 21

●서울 국제 가족영화제

한국청소년의 '폭력 교과서'

학교폭력과 10대들의 성윤리 붕괴가 심각한 사회문제로 떠오르면서 일본 불량만화를 비난하는 소리가 높다. 일부 청소년들이 일본 만화를 「비행(非行) 교과서」로 삼고 있다는 것이다. 청소년의 비행을 전적으로 일본 만화탓으로 돌릴 수만은 없다. 그러나 최근 문제가 된 중-고교 폭력서클 이름이 일본 만화에서 딴 「일진회」라는 사실은 일본 만화의 부정적인 모습을 말한다. 국내에서 유통되는 일본 만화의 실태와 일본 만화문화의 특징을 살펴본다. <편집자>

일본만화

일요일인 13일 오후 서울 신촌의 한 만화방. 흡연실인 유리방에 3명, 홀에는 9명이 정신없이 만화를 보고 있다. 그중 5명이 읽는 것이 일본 만화 번역본. 「짱구는 못말려」, 「캠퍼스 블루스」, 「오늘 우리는」, 「흔들 나볼래」 등이다. 예민한 선, 상세한 표정묘사, 장식이 요란한 머리카락 등 일본만화풍이 눈길을 끈다. 무협만화를 펴든 사람은 2명. 중국 무협지를 모방해서 한국화한 국적불명 만화다. 근처의 도서대여점도 마찬가지. 진열장의 50~60%를 차지하는 만화의 대부분이 일본풍이다.

이런 일본만화가 왜 문제인가. 단적으로 말해 청소년들은 알게 모르게 폭력을 배우기 때문이다. 일본에는 성인만화, 청소년만화, 어린이만화가 있다. 정상적으로 들어오는 성인만화는 말할 것도 없고 청소년만화도 상당한 문제가 있다.

「재혼한 아버지가 의붓딸을 범하고 새엄마는 아들과 관계를 맺는다. 엄마가 밥을 안준다고 구타를 한다. 고등학생이 선생님을 때린 후 화장실의 변기에 머리를 처박는다. 신부가 고아들에게 구걸을 강요하고 수녀를 성폭행한다….」

변태-잔인-음란-패륜…
상상 초월한 파격 가득

일본 성인만화는 상상을 초월할 정도로 파격적이다. 보통 사람이 생각하는 윤리나 상식이 없다. 온갖 불륜과 파행과 변태가 판을 친다.

우선 폭력을 사용하는 방법이 다양하다. 살인의 경우 한국만화는 기껏해야 주먹, 칼, 총을 사용해 단번에 죽이지만 일본만화는 그렇지 않다. 해부학적으로 몸을 조각내거나, 회칼로 온몸을 난자한 후 황산을 뿌리거나 사람을 액화시켜 ○○처럼 부숴버리는 등 혀를 내두를 정도로 방법이 다양하다. 이보다 더 심한 것도 많아 활자화하기 곤란할 정도다. 일본영화나 TV드라마에서 보이는 잔인한 묘사가 만화에도 그대로 드러나고 있는 셈이다.

『인류, 학교, 공권력, 종교 등 지배체제를 의도적으로 갈아뭉개는 내용이 많습니다. 그리고 그것을 해결하는 수단으로서 폭력을 내세웁니다. 폭력이 문제의 해결점이자 종착점인 셈이죠.』 간행물 윤리위원회에서 만화심의를 담당하는 손충호 부장의 말이다.

그러나 이런 일본 만화에 대한 10대들의 반응은 어른들과 다르다. 한 여학생은 이렇게 말했다. 『그림이 예쁘고 재미있잖아요? 스토리도 흥미있고요.』

말초적으로 재미있는 것은 사실이다. 일본의 시리즈만화는 예측할 수 없는 반전에 반전을 거듭한다. 범인을 잡기 위해 온갖 가설과 지혜를 짜내는 탐정소설을 읽는 것 같다.

1년 동안 국내에서 발간되는 만화는 2천5백만부. 출판문화협회에 납본되는 것이 1천8백만부이고 불법유통되는 것이 7백만부로 시민단체는 추정하고 있다. 전체 만화 가운데 일본만화가 4백만부를 된다고 한다.

이 많은 일본만화의 내용이 천차만별인 것은 사실이다. 좋은 만화도 있다. 그러나 무단복제되는 불량 일본만화에서 갖가지 폭력장면을 보고, 그것이 반복되면서 알게 모르게 젖어가는 「중독성」이 오늘날 10대 폭력과 성 문제의 한가운데 놓여있다는 데 문제의 심각성이 있다.

<이준호기자>

『청소년들이 많이 보는 일본만화들』

「日本の漫画は韓国青少年の暴力教科書」という見出しが付けられている。
出所：『朝鮮日報』1997年7月17日。

文化の受け入れに前向きな姿勢を示した。

解禁反対派は「暴力とセックスが溢れた日本の映画や漫画は、韓国の青少年に悪影響を及ぼす」と強調するが、俗悪なモノはいくら取り締まろうと非合法なルートで流入するに違いない。むしろ輸入禁止措置は、日本の優れたサブカルチャーの一般公開を妨げることで、歌謡曲、テレビ番組、CMなどいくつかの文化領域で、日本作品や番組からの盗作を誘発する原因をつくってきた。

皮肉なことに、輸入禁止措置は韓国の民族文化を育てる以上に、韓国の大衆文化の日本化を促してきたのである。こうしたことを考えてみても、日本の大衆文化の輸入禁止措置が、かならずしも韓国の「脱日本化」につながらないことがわかる。

一方で、輸入を解禁して日本の映画やアニメが大量に流入すれば、零細な韓国の映画産業やアニメ業界はあっという間に淘汰されるのではないか、という不安も指摘されている。日本の映画やアニメは、二十世紀フォックスやディズニーと同じ外国モノだから競合することはないとみる関係者もいるが、零細企業が多い韓国のアニメ業界は規制撤廃によって大きな打撃を受けるだろう。また、日本の音楽が開放され、著作権を保護しあう契約が両国で結ばれるようになると、韓国の歌謡界で常態化してきた盗作をめぐる日本との損害賠償問題も表面化してくることになるだろう。

しかし、だから規制は続けるべきだというのでは短絡的すぎる。要は、韓国が日本の大衆文化に対する規制を撤廃した後に、彼らと「競生（競争＋共生）」していける韓民族のオリジナルな大衆文化を構築できるか否かにかかっているのではないだろうか。

文化摩擦から文化交流へ

金大中大統領は大統領就任にあたって、韓国経済再生のポイントは「日本の資本と技術、部品や中間材に依存した対日従属構造からの脱却である」と述べた。

韓国の文化再生にも経済の再建と同じことがいえるのではないだろうか。韓国社会が今後、日本の大衆文化に侵食されないためには、日本文化の輸入規制措置に依存するのではなく、日本文化と対抗しうる韓国独自の大衆文化を創造するほかない。そして、日本文化の輸入開放と脱日のジレンマを克服したとき、韓国人は本当の意味で日帝三六年のトラウマから解放されるのである。

九八年五月、金大統領の号令の下で、芸術、文化、学界の関係者を中心に、日本の大衆文化の開放のあり方を審議する「韓日文化交流政策諮問委員会」が結成された。文化観光省は「日本との間の過去の歴史や、それに由来する特殊な国民感情を考慮して全面的開放を避け、漸進的、段階的に開放していく」ことを基本原則にして、国民各界各層の意見を吸い上げながら開放のプログラムを作成していくことを決めたという。

今後、制限されてきた日本の大衆文化の輸入は大きく解禁の方向に向かうだろう。すでに解禁を予測して、日韓の音楽業界は活発な動きをみせている。韓国市場が開放されれば、「X JAPAN、安室奈美恵、SMAP、小室哲哉、ZARD、ドリカムなど、即一〇万枚以上のセールスが見込める」(『スポーツソウル』九八年一月二〇日)からだ。日本の音楽業界にとって、ヒットすれば三百万枚を売ることも可能な韓国市場は魅力である。また韓国の映画配給会社も、北野武監督の「ソナチネ」や今村昌平監督の「うなぎ」など、日本映画の話題作の版権をすでに獲得。あとは一般公開を待つだけという段階にきている。解禁を目の前にして、優れた日本のサブカルチャーを紹介しようという韓国側の意気込みにはすさまじいものが感じられる。

とはいえ、韓国人がいくら日本のサブカルチャーを積極的に吸収しても、日本側が韓国の文化に関心を示さなければ、両国の文化交流は成り立たない。日本の若者たちが欧米文化偏重の情報豪雨から逃れ、お隣の韓国をはじめとするアジアのサブカルチャーに触れたとき、日韓の文化摩擦は一挙に文化交流へと突き進んでいくだろう。韓国の若者たちが、ソウルを訪れたドリカムやSMAPに熱狂し、日本の若者たちが韓国からやってきたキム・ガンモ(1)やCLON(2)に歓声をあげる日は案外近いかもしれない。

注

(1) 韓国で最も人気のある歌手。彼のサードアルバム「Kim Gun Mo II」は二八〇万枚を売り上げ、韓国の歌謡史上最高のCD販売記録を達成した。

(2) ク・ジョンヨプとカン・ウォルレからなる二人組のラップ・バンド。九六年にリリースしたアルバム「Are You Ready?」の売り上げがいきなり百万枚を突破。現在、韓国で最も注目されているバンドである。

(一九九八年一一月)

第2章　金大中大統領の構造改革、その光と影

はじめに

低迷する韓国の救世主として期待された金大中《キムテジュン》氏が、韓国の大統領に就任してほぼ一年が過ぎた。日本のテレビＣＭでは「新しい韓国に会いに来てください」と笑顔で呼びかける大統領だが、青瓦台ではとても笑っていられる心境ではない。発足時には八〇%を超えていた支持率が、ここにきて急降下しているからだ。なかでも金大中氏の支持基盤と見られてきた労働者の評判が芳しくない。

金大中氏は、大統領選挙までは大企業の整理解雇制（企業の労働者解雇の自由）の導入に反対していたが、大統領に就任するや導入に踏み切り、大量の失業者を生み出すことになってしまった。また政府がＩＭＦの指示に従って金融引き締め政策を続けた結果、銀行の貸し渋りが進み、中堅企業や中小企業が次々と倒産した。こうした企業の貸し渋り倒産は失業者の増大に拍車をかけている。

当初二％台だった韓国の失業率はたちまち七％を超え、失業者は二百万人、韓国の就労人口は約二千万だから、一〇人に一人が失業している計算になる。ソウル駅周辺の地下通路は、深夜になると新聞紙をかぶって眠るホームレスの人々であふれかえる。その数ざっと二千人。彼らの多くは地方からソウルに職を求めてやってきた失業者たちである。

大卒の新入社員の採用を見送る企業も多い。一九九八年九月、ソウル市内のある有名大学が開いた就職説明会に参加した財閥系企業はたった二社であった。そのためか、これまで六〇％台をキープしてきた大卒の就職率も、九八年に入ってから五〇％を割り込んでいる。大卒社員は将来の韓国経済の中核を担う貴重な人材だけに、このままでは経済成長の基盤まで失われかねないと危惧する声も出ている。

延世《ヨンセ》大学や高麗《コリョ》大学など、これまで就職率一〇〇％を誇ってきた名門私大でも、就職先の決まらない学生が増えている。半年以上も自宅待機を命じられたあげく、内定を取り消された学生も少なくない。九八年八月には、内定を取り消された大学生二百人が内定先の財閥系企業を告訴するという事件も起こっている。こうした就職難を反映して、軍への入隊を希望する大学生が激増している。韓国国防部の発表によれば、九八年、軍へ入隊を希望した学生は六万六千人で、九七年の四割増となった。

DJノミクスの正体

高度成長路線をひたすら突っ走ってきた韓国に、これほど過酷な「大失業時代」を招いた責任はいったい誰にあるのか。金大中政権の経済政策に問題があるのか。それとも金大中政権を背後で操作しているIMFに過失があるのか。はたまた長期にわたる権威主義体制下で韓国経済にビルトインされてきた政経癒着の構造にそもそもの原因があったのだろうか。

九八年、韓国では金大中大統領の経済政策を紹介した『国民とともに明日を拓く』という書物が出版され、話題を集めた。大統領は、この本のなかで「民主主義と市場経済」の両立的発展を強調した。その実現のため、国民に痛みを強いる構造改革への理解を呼びかけた。マスコミは、この金大中大統領の経済哲学を大統領の名前である「Dae-Joong」の頭文字から「DJノミクス」と呼ぶ。

言うまでもなく、この呼び名は元米国大統領のレーガノミクスをもじった命名である。

それでは、「民主主義と市場経済」の発展を主眼としたDJノミクスの中身とはどんなものか。

九八年二月、経済危機のまっただなかで大統領に就任した金大中氏は、直前まで見直しを求めてきたIMFの構造改革プログラムを履行すると誓った。そしてIMFのやり方に従って「一年半で韓国経済を再建する」と国民に約束した。

この際、IMFは五八〇億ドルを支援する条件として、韓国に市場原理を徹底することを求めたと言われている。

それは、政経癒着など非市場原理が働いてきた韓国経済を、西側の市場原理にのっとって再建しようとするものである。こうしてIMFは、系列企業の整理を中心とした財閥改革、整理解雇制の導入、グローバル・スタンダードに基づいた金融システム改革などを金大中政権に求めた。

一方、中小企業と労働者を支持基盤としてきた金大中氏は、整理解雇制の導入には賛成できないものの、このチャンスを生かして、公正な競争を妨げ、韓国の民主主義を形骸化させてきた政経癒着を根絶し、抜本的な財閥改革を進めようと考えた。DJノミクスは、こうした両者、すなわち韓国に市場自由化を求めるIMFと民主主義を願う金大中大統領の利害関係のなかで生み出された妥協の産物であるといってよい。

終わりを迎えた政府と財閥の蜜月時代

とはいえ、韓国で市場自由化や政経癒着問題に立ち向かったのは金大中政権が初めてではない。「権威主義時代の終焉」を掲げた金泳三前政権も、やはりこの二つの課題に取り組んできた。金泳三体制による民主化政権が誕生するまで、韓国では開発独裁下で財閥の育成が図られてきた。政府は市中銀行を自らの管理下に置き、政治献金を見返りに財閥に金融支援を行ってきた。財閥はこうした特恵を享受しながら、相互出資や保証を繰り返してタコ足的な企業拡張を続けてきた。自動車産業を持たない財閥は、系列銀行やノンバンクから低利の融資を受けて自動車部門に進出。焼酎の専門メーカーまでもが同じようなやり方で流通部門に手を広げていった。こうしてほとんどの財閥は、政府の制度金融に頼りながら、造船、石油化学、半導体、自動車、はてはホテルから新聞社まで事業を拡大し、急成長を遂げた。

しかし、こうした政府と財閥が癒着した二人三脚の成長はいつまでも続かなかった。九五年一一月、盧泰愚《ノテウ》元大統領の秘密政治資金事件をきっかけに、検察庁は三五財閥のトップをいっせいに取り調べ、賄賂性のある政治献金をした七社を起訴した。こうした相次ぐ捜査で、政府と財閥の露骨な癒着は許されなくなっていった。

九七年一月には、財閥ランキング一四位の韓宝《ハンボ》鉄鋼が倒産。九〇年代後半から韓国企業の輸出を牽引してきた円高が円安局面に移行するに伴い、輸出が激減、過大投資がたたって、不渡り手形を出してしまったのである。

韓宝グループは、政府の特恵融資をテコにして、二〇年足らずの間に系列企業を二四社に拡大させた「政経癒着型成長」財閥の典型であった。その後の調査では、韓国内の六つの銀行が韓宝に充分な担保を取らないまま、六兆ウォン（当時、約八六〇〇億円）もの大金を融資していたことが判明。融資に関与した内相、国会議員、銀行頭取の計八人が逮捕されるという前代未聞の事件に発展した。

これまでの権威主義的な政権なら、政府が救いの手を差しだし、財閥の倒産を回避できたかもしれない。韓国ではこれまで「政府は財閥と銀行はつぶさない」と信じられてきたからだ。しかし、「権威主義の清算」を掲げる金泳三政権には、それが許されなかった。この事件は、政府と財閥との蜜月時代が終わろうとしていることを国民に強くアピールするものであった。

市場自由化のリスク

同時に金泳三政権は、ＯＥＣＤへの加盟（九六年）に向けて資本取引の自由化を進めてきた。韓国の市場自由化は九〇年代に入って大きく進展したが、特に資本取引の自由化で金融機関の外貨借り入れが容易になるとともに、韓国金融機関の海外支店での借り入れやオフショア市場での運用が拡大した。この結果、海外で調達した資金をインドネシアやタイなど東南アジアで運用する韓国の企業や金融機関が増加していった。

しかし、政経癒着構造にメスを入れた金泳三政権の民主化措置やＯＥＣＤへの加盟を目指した資本取引の自由化は、韓国経済が抱えてきた歪みを一気に噴出させることになった。韓宝財閥の倒産をきっかけに、メーンバンクであった第一銀行は莫大な不良債権を抱えることになり、第一銀行の二の舞いになることを恐れた他の銀行がいっせいに貸し渋り態勢に入り、経営状態の悪い企業から資金回収を急ぎ始めた。

政府は、金融機関に対し返済期限を二カ月延期する「不渡り防止協定」を公布するが、この協定はかえって手形引き落としが凍結されるのを恐れたノンバンクを刺激した。倒産する前になんとか資金を回収しようと躍起になったノンバンクが、いっせいに経営悪化がささやかれる企業につめかけることになったのである。

そのため、アジアへ過大投資を行っていた多くの財閥の資金繰りが悪化し、九七年七月までに三美《サンミ》、真露《チンロ》、大農《テノン》、起亜《キア》などの有名財閥が次々と倒産に追い込まれた。財閥企業の連鎖倒産によって、今度はこれらの財閥に貸し付けていた系列銀行の不良債権も増大した。またアジア全域に波及した通貨・金融危機によって、外貨を東南アジアに投資していた韓国の金融機関も莫大な損失を被ることになった。こうしてムーディーズをはじめとする外国の格付け機関の韓国の銀行に対する評価は急降下することになる。

韓国の輸出が減速し、銀行の不良債権が拡大すると、対外債務を返済できなくなることを恐れた外国人投資家たちもいっせいに短期資本を引き揚げ始めた。それまで韓国がOECDへの加盟に向けて資本取引の自由化を進めたことによって流入した短期資本が、一転流失に転じたのである。またたく間に韓国の銀行の国際的信用は失墜し、韓国は国際金融機構で資金調達ができない状況に追い込まれた。韓国の対外債務は九七年末時点で一五六九億ドルに達していたが、外貨準備は公称二四四億ドル、そのうち使用可能な外貨はわずか七〇―八〇億ドルであったという。

改革の嵐

こうした流れを改めて振り返ってみると、実は韓国の経済危機は開発独裁の産物ではなく、民主化の過程で生まれてきたことがわかる。つまり、権威主義体制下における政経癒着の結果として危機が生み出されたのではなく、政経癒着にメスを入れた民主化の過程で韓国経済の危機が生まれたのである。さらに韓国経済の危機は、政府主導による保護主義的工業化過程で生まれたものではなく、市場自由化の過程で生み出されたことにも注目する必要がある。まさに韓国の危機は、民主化と市場自由化の相互作用の結果として生み出されたものであった。

とすれば「民主化と市場経済」を掲げるＤＪノミクスが「創造的破壊」に加担こそすれ、そうした混乱にすぐさま終止符を打ってくれるなどと期待するのは虫がよすぎる。実際、金大中大統領は、ＩＭＦを後ろ盾にして「民主化と市場経済」を柱とする大胆な経済改革を次々と実行に移したが、その代償も少なくなかった。

労働者や財界の激しい抵抗にもかかわらず、改革は実に急ピッチで進められた。九八年二月、金大中政権は整理解雇制を労組に認めさせたうえで、三十大財閥のオーナーに、①企業経営の透明性の向上、②相互債務支払保証の解消、③財務構造の改善、④系列企業の整理と主力企業への集中、⑤オーナーの経営責任の明確化、など五項目にわたる企業改革を約束させた。

さらに同年六月、政府は経営不振の整理対象企業を発表し、五大財閥の系列企業五二社を含む五五社に対して新規融資の停止措置がとられ「お荷物」企業の整理が断行された。企業選定を委託された債権銀行団は「財閥系列企業については、母体企業の支援で再建可能」と政府に進言したが、「財閥改革を決してうやむやにはしない」という金大中大統領の意思は固かった。

続いて、同和《トンファ》、京畿《キョンギ》、忠清《チュンチョン》など債務超過の五つの銀行に対して、金融監督委員会から業務停止命令が下され、資産、負債は別の銀行に引き継がれることになった。さらに政府は、国際決済銀行（BIS）が定めた自己資本比率が八％に達していない七つの銀行に対しても合併や経営陣の交代を促した。銀行の整理はいずれも予告なく発表され、その日に経営陣は全員退陣、行員もすべて解雇されるという荒療治であった。

改革の成果と代償

こうした金大中大統領の改革は、いくつかの面で確かに成果をあげている。まず韓国経済の信用低下の原因となった外貨保有高が、九七年末の八八億ドルから九八年六月には三七〇億ドルに伸び、危機以前の水準に戻った。さらに九七年末に急落したウォン・レートが以前の安定を取り戻し始めた。また貿易収支も黒字傾向に向かいつつある。課題であった財閥系企業の系列企業数は半減し、負債比率もかなり低下した。

しかし、DJノミクスの荒療治は、迅速な企業改革を促す一方、中小企業や労働者に想像以上の苦痛を強いているのも事実である。財閥系列企業の整理による余波と銀行の貸し渋りで、多くの中小企業が倒産。また整理解雇制の導入で大企業が次々と余剰人員を整理解雇に追いやっている。韓国最大の自動車メーカー、現代《ヒョンデ》自動車は四万五千人の従業員のうち八二〇〇人の解雇を労組に通告。これに反発した民主労組は、一二万人規模の時限ストライキを展開した。また五つの銀行が整理されたことで約九千人の失業者が生まれている。さらにIMFの指導によって金融引き締めが行われた結果、短期金利が三〇％近くまで上昇し「健全な借り手」である優良企業でさえ瀕死の状態が続いている。

こうした改革に疑問をもつ専門家も少なくない。三星《サムソン》経済研究所の金京源《キムギョンウォン》主任研究員は「このままでは産業基盤そのものが崩壊し、韓国は二度と立ち直れなくなる」と警告。また韓国慶北《キョンボク》大学の金泳鎬《キムヨンホ》教授も「なぜ、改革が労働者の大量失業を生んでしまうのか。ＩＭＦがアジアに何をもたらしたのかを考え直すべきだ」と指摘する。

それにしても、かつて「大衆経済論」を発表し、労働者と中小企業の代弁者として民主化を進めようとした人物が大統領になった今日、労働者と中小企業を犠牲にしながら最後の民主改革に臨まなくてはならないとは、なんたる歴史の皮肉だろう。しかし、それが「創造的破壊」であるならば、金大中大統領の冒険を最後まで見届ける国民も多いだろう。怖いのは、それがただの破壊で終わるときだ。

（一九九九年二月）

第3章　南北首脳会談の衝撃

はじめに

一九九九年暮れから二〇〇〇年の春にかけて、韓国では「パックォ」という曲が大ヒットした。「パックォ」は、日本語で「替えろ」「交換せよ」「変えよう」というニュアンスをもつ言葉である。ソウルのノレ・パン（カラオケ店）では、若いサラリーマンがテクノ調のダンスを踊りながら「代えろ、代えろ、部長を代えろ」といった替え歌を歌う光景をよく見かける。社会の変化を望むこうした世相を反映してか、この曲が収められた二十歳のアイドル歌手イ・ジョンヒョンのデビューアルバムは、六〇万枚という驚異的な売り上げを記録した。

二〇〇〇年二月、総選挙を二カ月後に控えて、ソウルの市民公園で開催された市民団体の集会で歌われていたのもこの曲である。ただし、その歌詞の一部は「変えよう、変えよう、政治を変えよう」に替えられていた。市民団体の名は「二〇〇〇年総選挙市民連帯」といい、腐敗した政治家の落選運動を展開している市民団体の連合体である。公園は「終わりにしよう、金権政治」「変えよう、時代遅れの政治」などと書かれたプラカードを掲げる参加者の熱気に包まれていた。連帯の代表は、一五〇〇人の参加者を前に「無能な政治家には退いてもらおう」と呼びかけ、聴衆は大きな拍手でこれにこたえた。

韓国ではここ数年、財界と癒着した国会議員のわいろ疑惑や、閣僚や財閥会長・検察総長関係者の間での「高級服ロビー疑惑」など政財界癒着事件が相次ぎ、いくつかの市民団体から「当選させてはならない政治家のリストを作ろう」という声が上がっていった。市民団体のなかには、政治家の公約や活動状況をつぶさに調べて報告する組織も現れた。一九九九年の末から、こうした活動が口コミで広がるようになり、「市民連帯」は瞬く間に四〇〇を超える市民運動グループが集う全国的なネットワーク組織に成長していった。

政界再編を促した落選運動

「市民連帯」は発足の際、「清い国会をつくるために、公認反対と落選運動を通じた選挙革命を行う」と宣言し、①現役議員を対象とした公認反対リストの作成と発表、②公認反対リスト登録者が万一出馬した場合、彼らの落選運動を行う、という二段階の方針を表明した。同時に、過去において不正腐敗、選挙法違反、反民主・反人権的な活動を行った議員を「公認不適格者」と認定し、その名簿を各政党に通達し、マスコミを通じて公開すると宣言した。

これに対して、「公認不適格者」の烙印を押されることを恐れた政治家たちは、「市民連帯」の活動は選挙期間中の団体（労働組合を除く）や個人による特定の政党・候補者への支持・反対運動を禁じた選挙法八七条違反の疑いがあるとして、彼らの運動を牽制した。こうして一部の国会議員、選挙管理委員会、市民団体の間で、落選運動が合法か違法かをめぐる論争が続くなか、テレビや新聞などマスコミは連日、「市民連帯」の活動を報道し、次第に彼らの運動を支持する世論が高まっていった。

そして二〇〇〇年一月一七日、金大中大統領は「国民の政治参加の要求を法律的に規制してはならない」という談話を発表し、政府に選挙法八七条の廃止を命じた。この結果、選挙法は一部改正されることになり、「市民連帯」は公認不適格者の名簿を発表してもよいことになった。

同年一月二四日、「市民連帯」は六八人の第一次公認反対者名簿を発表した。「腐敗・無能・反民主」議員の烙印を押された議員には、自民連の金鍾泌《キムジョンピル》、朴哲彦《パクチョロン》、ハンナラ党の金潤煥《キムユンファン》、民主党の金相賢《キムサンゴン》、無所属の鄭夢準《チョンモンジュン》など数多くの大物議員が含まれていた。

この発表を受け、民主党とハンナラ党は「市民連帯」の運動に部分的理解を示し、彼らから不適格者と認定された候補者のうち一定数に公認を与えないことを決定した。一方、金鍾泌名誉総裁をはじめ党幹部の大部分が「公認不適格者」と認定された自民連は、落選運動の背後には「青《チョン》瓦台《ワデ》と民主党による操縦がある」として、「不適格者」を全員公認した。さらに自民連は同年二月二四日、「市民団体の憲政破壊行為に現政権が同調する発言をおこなったことを、国民の名をもって糾弾する」と民主党を批判。民主党との連立政権を解消し、選挙協力も行わないことを宣言した。また「市民連帯」の公認反対名簿に基づいて二六人の現役議員を公認からはずしたハンナラ党では、翌二月二五日、公認からもれた議員が一部の公認を撤回した議員を巻き込んで新党「民国党」を結成した。こうして「市民連帯」による落選運動は、民主党と自民連の連立解消、ハンナラ党の分裂など政界再編にまで発展していったのである。

用意周到に計画された「南北首脳会談」

投票日を三日後に控えた二〇〇〇年四月一〇日、韓国の金大中大統領と朝鮮民主主義人民共和国（北朝鮮）の金正日《キムジョンイル》総書記が同年六月にピョンヤンで首脳会談を行うというニュースが電撃的に報じられた。

この歴史的快挙ともいえる発表は、普段なら統一を願う圧倒的多数の国民から歓迎されたに違いない。だがこの発表が総選挙の三日前という微妙な時期に行われたために、政界は一時パニックに陥り、国民の間にさまざまな憶測が乱れ飛ぶことになった。

野党第一党のハンナラ党は、政府の発表を「投票を直前にした露骨で破廉恥な術策」で「不利な選挙局面を一気に転換するためのもの」と攻撃。直ちに緊急会議を開き、①国会での真相調査団の設置、②首脳会談の政治的な悪用防止のための特別法の制定などを要求することを決めた。同党の徐清源《ソチョンウォン》選対本部長は「なぜ総選挙の投票直前に急いで発表する必要があるのか」と与党を激しく批判した。また与党との連立を解消した自民連の金鍾泌名誉総裁も、選挙演説で「なんで急いでこの時期に発表したのか。だれが見ても選挙の票を狙ったものだ」と怒りをぶちまけた。

これに対し大統領スポークスマンは、「北側から、(南北首脳会談を)早く開くほうがよいという提案があった」と説明し、選挙との関係を否定した。与党民主党も、発表の時期について「南北同時発表というのに、こちらだけ選挙を理由に遅らせることはできない」と述べ、「南北首脳会談という民族の将来を決定するような重要問題を国内政治に結びつけることはできない」と野党に反論した。

南北首脳会談の開催合意というニュースは、あまりにも電撃的にマスコミで報じられたために、いかにも唐突な印象を国民に与えた。しかし、金大中政権誕生後、政府による南北関係改善への取り組みの背後では、首脳会談を実現させるべく、実は水面下では周到な準備が進められていた。

一九九八年二月、金大中氏は大統領就任後、ただちに①北朝鮮の武力挑発は許さない、②北朝鮮を吸収統一する考えはない、③南北の和解と協力を可能な分野から進めるという対北朝鮮三原則を発表した。この原則に基づいて韓国政府は、民間レベルでの北朝鮮との経済・文化交流を拡大する「太陽(包容)政策」を展開。現代《ヒョンデ》グループの対北投資や金剛山《クムガンサン》観光など民間レベルでの経済交流を通じて北朝鮮との信頼関係を醸成してきた。

金大中大統領は、こうした過去二年間の太陽政策の成果を踏まえて、二〇〇〇年一月、新年の辞で「南北経済共同体」構想を示し、民間レベルにとどめてきた南北経済交流を政府レベルに引き上げることを宣言した。金大中大統領はこの構想を実現するために、同年三月、欧州四カ国を訪問。ローマ法王ヨハネ・パウロ二世、フランスのシラク大統領、ドイツのシュレーダー首相などの各国代表に対して、北朝鮮が国際社会に進出するための側面支援を要請したのである。この欧州歴訪の途中、金大中大統領は北朝鮮に対して以下のような四項目からなる「ベルリン宣言」を発表した。

①韓国政府は、北朝鮮の社会間接資本の整備を援助する準備がある。
②朝鮮半島の当面の目標は、統一よりも冷戦終息と平和定着である。
③北朝鮮政府は、離散家族問題の解決に積極的に対処していただきたい。
④これらの問題の解決には、南北当局者間の対話が必要。

この「宣言」は、プレス発表に先立ち、板門店の赤十字連絡官を通じ、北朝鮮政府に公式に伝えられた。そして金大統観は、「ベルリン宣言」を実施に移すため、同年三月一〇日、北朝鮮に無条件で肥料一〇万トンを支援することを決定し、中国に密使を送り北朝鮮政府の出方を探ったのである。

関係者によると、金大中大統領から密使の命を受けた朴《パク》智《チ》元《ウォン》・文化観光相が、在日の朝鮮総連系経済人を仲介にして、同年三月一七日、北朝鮮の宋《ソン》浩《ホ》敬《ギョン》・朝鮮アジア太平洋平和委員会副会長と上海で接触。その後、協議は進展し、同年四月七日―八日、北京における二回目の会談で両者は南北首脳会談開催の合意に達したという。

金正日総書記はなぜ呼び掛けに応じたか

九四年の金日成《キムイルソン》主席の死去以降、米国との関係改善を最優先し、韓国との対話を拒否し続けてきた北朝鮮が、なぜ今になって南北首脳会談の開催に合意したのか。背景にはまず、北朝鮮の対外戦略の大きな変化がある。金正日が国家最高位である国防委員長のポストに就いてから、国内の食糧・エネルギー危機が深刻化するなか、北朝鮮は援助を期待して、徐々に西側諸国との関係改善を模索するようになった。

とりわけ九九年九月、米国の北朝鮮に対する経済制裁の一部解除と引き換えにミサイル発射を凍結した米朝ベルリン合意を契機に、北朝鮮は露骨な西側批判をやめ、精力的な対欧外交を展開するようになる。二〇〇〇年一月、北朝鮮はイタリアと国交を樹立。その後、フランス、カナダ、オーストリアなどの欧米諸国とも関係正常化に向けて接触する一方、アジアでもフィリピンと国交樹立に向けて協議を開始。一時関係が冷却化していたロシアとも同年二月、友好善隣協力条約を結んだ。こうしたなか同年四月には、中断していた日朝国交正常化交渉も七年半ぶりに再開されることになった。

今回、金大中大統領の「ベルリン宣言」にこたえる形で首脳会談の合意に至ったのは、こうした北朝鮮の外交政策の変化のなかで実現したものといえる。それは、明らかに米国との交渉を最優先してきた北朝鮮の外交政策の転換であるとともに、金大中政権の政策にアレルギーを示してきた北朝鮮が、太陽政策やペリー・プロセス(1)を限定的に受け入れる方向に舵を切り替えたことを意味している。

これまで北朝鮮は米国を唯一の交渉相手とし、彼らに核やミサイルの危機を煽りながら、査察あるいは兵器開発を中断する見返りに莫大な食糧支援を受けてきた。だが、これからは米国カードにのみ頼るのではなく、日本や韓国に対しても「過去の清算」や離散家族問題の解決を迫ることで、その見返りに両国から相応の経済協力を求めていくというのが、北朝鮮政府の新たな対外戦略であるといえる。それは、まさに対米、対日、南北交渉をてんびんにかけた多角的外交戦略と呼ぶこともできるだろう。

とはいえ、これまで北朝鮮が最も重視してきた対米交渉は、北朝鮮高官の訪米にあたって北朝鮮政府が要求した「北朝鮮の国際テロ支援国指定からの解除」を米国政府が認めないために暗礁に乗り上げている。また再開した日朝国交正常化交渉も、日本が「拉致疑惑問題」の解明に乗り出したために、かなりの時間を要しかねない。こうした事情を考えれば、金正日政権が金大中大統領の呼び掛けに応じて、韓国からの経済支援を受け入れる決断をしたのも納得できる。

もちろん金正日総書記にとっても、経済支援をしてくれるなら交渉相手が誰でもよいというわけではない。相手が民主化の象徴である金大中氏であることは、首脳会談の実現にとって決定的に重要であったと思われる。また「市民連帯」による落選運動によって、金大中大統領の政権母体である民主党が、韓国の権威主義システムの象徴である金鍾泌・自民連と決別したことも、独裁政治を批判してきた北朝鮮側としては好都合であったといえる。

もし総選挙で民主党がハンナラ党に大敗することになれば、太陽政策に批判的なハンナラ党の圧力によって、北朝鮮への大規模援助は期待できなくなるかもしれない。こうしたことを考えれば、北朝鮮政府が韓国から提起された首脳会談の開催決定を選挙後ではなく選挙期間中にしようとしたのは、韓国の大規模投資を期待した金正日政権が、総選挙で与党民主党を優位に導くための一つの演出であったとも考えられる。

ハンナラ党の勝利と南北交渉の行方

自民連との連立政権を基盤にしてなんとか政権の舵を取ってきた金大中政権にとって、南北対話を成功させるためには、今回の総選挙で少なくともハンナラ党を上回る議席を確保し、安定した政権基盤をつくることが不可欠であった。

実際、選挙前の予想では、与党民主党が健闘し、第一党になるのではないかという声も少なくなかった。というのも、「公認不適格者」をハンナラ党が最も多く抱えていたために、「市民連帯」による落選運動は与党に有利に働くという報道もあり、南北首脳会談の合意も太陽政策を進めてきた与党の追い風になると考えられていたからである。

しかし選挙の結果は、予想を裏切って野党ハンナラ党の勝利に終わった。ハンナラ党は支持基盤の慶尚道《キョンサンド》で議席をほぼ独占したのに加えて首都圏でも健闘し、改選前より一一議席増やして、過半数まで四議席と迫る一三三議席を獲得した。与党民主党も追い風にのって支持基盤の全羅《チョンラ》道《ド》や首都圏で票を伸ばし、改選前を一七議席上回る一一五議席を確保し健闘したが、ハンナラ党との議席数の差を大きく縮めることはできなかった。

なぜだろうか。「市民連帯」による落選運動は確かに効果を発揮した。「市民連帯」は、落選運動の効果を高めるために、「当落線上にいる候補」二二人を重点対象候補に選んで選挙区に乗り込み、キャンペーンを行ったこともあり、二二人中一五人を落選させるという絶大な威力を発揮した。だが重点対象候補のうち、落選したのは民主党が七人中六人、自民連が四人中四人、一方、ハンナラ党は九人中二人しか落選させることができなかった。この結果を見る限り、落選運動は民主党や自民連の候補者に効果的であったぶんだけ、あまり効果のなかったハンナラ党に有利に作用したといえるだろう。

また投票日の三日前に発表された首脳会談の合意が与党に有利に働くという報道が行われたため、ハンナラ党がいっそう手綱を締めて選挙戦に臨んだことも同党の圧勝につながったと考えられる。さらに今回落選運動によって大きく議席を減らした自民連や民国党の保守票の大部分がハンナラ党に流れたことも、与党民主党には災いした。

野党ハンナラ党が大きく議席数を伸ばし、与党民主党と連立内閣を形成していた自民連も議席数を激減させたことで、金大中政権はたとえ連立内閣をつくったとしても不安定な舵取りを余儀なくされるだろう。第一党のハンナラ党が北朝鮮への投資に慎重なだけに、国会内での南北首脳会談開催への合意形成は困難が予想される。また首脳会談開催の前途には、北朝鮮が要求する韓国情報院の解体や在韓米軍の撤退問題など、南北対話の障害が山積している。しかし、首脳会談の開催合意がマスコミから北と南の政権維持の手段と揶揄されないためにも、金大中政権は何とかして会談を成功させなければならない。金大中政権の試練はこれからも続くだろう。

（二〇〇〇年六月）

注

（1）一九九四年一〇月、ジュネーブで北朝鮮の核開発凍結などに関する米朝枠組み合意が調印され、朝鮮戦争以来半世紀にわたって敵対してきた両国関係を改善しようという動きが高まった。九六年四月、ベルリンで第一回米朝ミサイル協議が行われ、九九年九月には、北朝鮮のミサイル問題について米朝が合意した。これを受け、米国はそれまでの敵対的な北朝鮮政策を全面的に見直す「ペリー・プロセス」を発表した。このペリー・プロセスはその後、オルブライト国務長官の訪朝（二〇〇〇年）につながった。

第4章　南北経済交流への期待と不安

はじめに

南北首脳会談の成功を機に、韓国の人々の金正日《キムジョンイル》総書記に対するイメージは大きく変わったと言われている。韓国のメディアに中継された金正日総書記の冗舌でユーモアあふれる言動が、これまで韓国民が抱いてきた金総書記のイメージとはずいぶんかけ離れていたからである。とりわけ空港で初めて対面した金大中《キムテジュン》大統領をタラップの下まで歩み寄って出迎え、送迎車に乗り込むときも大統領を優しくリードした金正日総書記の行動は、「年長者に対する礼節を重んじる人物」というイメージを韓国民の脳裏に焼きつけた。

韓国の新聞社が首脳会談の前後に実施した世論調査によると、「金正日総書記で思い浮かべることとは」という質問で、会談の前は「独裁者」（三四・六％）というようなダーティイメージが全体の六七・四％を占めていたが、会談後は「独裁者」（九・六％）などマイナスイメージが二八・五％と大幅に減少。かわりに「ソフト」(八・一%)、「気取らない人」(七・九%)、「人間的」(五・一%)など良いイメージを持った人が全体の五三・八%に広がった(『東亜日報』二〇〇〇年六月一七日)。

こうしたイメージの変化を反映して、ソウルではちょっとした「金正日ブーム」が起きている。大型書店には北朝鮮の特別コーナーが設けられ、金正日総書記について書かれた数多くの書籍が所狭しと並べられている。街には金総書記のスタイルをまねて、パンチパーマにレトロ調のサングラスを身に着けた、いわば「金正日ファッション」を楽しむ若者の姿も見られるようになった。

韓国のインターネットには、金正日総書記のファンクラブも出現した。ファンクラブのサイトには、「金正日総書記、サランヘ(愛してる)」「金正日オッパ、モッシッソ(金正日兄ちゃん、かっこいい)」など、金総書記へのラブ・コールが飛びかっている。また金正日ブームに便乗して、インターネットで金総書記愛用の型のジャンパーや総書記の似顔絵をプリントしたTシャツなど、さまざまな金正日グッズを販売する業者が後を絶たない。

韓国の保守派グループに属するある学者は、このように過熱化する金総書記ブームについて「国民は首脳会談に浮かれ、金正日症候群という一種の熱病にかかっているため、北朝鮮に対して冷静な判断ができなくなっている」と警戒する。

離散家族の再会という果実

国民の多くが金正日総書記にプラスイメージを抱くようになったのは、彼が「不可解な独裁者」

から「快活な指導者」へと対外イメージを転換することに成功したこともさることながら、その背景には、金総書記の決断がもしかしたら南北会談を契機に韓国の国民に多くの果実をもたらすかもしれないという、金正日効果への大きな期待が含まれている。

果実のひとつは、韓国民の念願であった南北離散家族の再会が実現したことである。

二〇〇〇年八月一五日からソウルと平壌を相互訪問した南北の離散家族は、朝鮮戦争によって引き裂かれて以来、それぞれの両親や親族と半世紀ぶりに再会を果たした。韓国のテレビでは、終日、ソウル市内の国際展示場で再会した親子、兄弟、姉妹らが涙を流して抱き合う光景が放送され、人々の涙を誘った。金大中大統領も、離散家族の再会を報じるテレビを見て涙を流したという。

とはいえ、今回の事業で再会を許されたのは双方百人（南北計二百人）にすぎず、南北で一千万人いるといわれる残りの離散家族のいらだちは募るばかりだ。韓国だけでも家族の離散を実際に体験した高齢者が一二〇万人以上いるといわれており、今回再会を認められなかった離散家族にとって一回百人の再会ではどれだけ待ち時間がかかるのかわからない。高齢化した離散家族にとって残された時間は限られており、再会事業への期待感と同時に絶望感を口にする人も少なくない。

金大中大統領は離散家族の再会事業に意欲を示しており、韓国政府高官も「離散家族の相互訪問を一回だけに終わらせず制度化していく必要がある」と述べた。

八五年に実現した離散家族の再会では、双方の家族がそれぞれの体制を称賛したことで、南北のイデオロギー対立が表面化し、結果的に再会事業が中断することになった。今回は、こうした過去の教訓を生かして、韓国の統一省が訪朝する離散家族に対して、「家族と接するときには政治的な話はせず、長年の思いだけを伝えるように」と指導したという。また、北朝鮮の家族も、「訪問を成功させるために、言動には最大限の注意を払うように」という事前教育を受けていたようである。

そのためか、今回は韓国の家族が北の体制を非難したり、北の家族がおおっぴらに北を称賛したりするような発言は聞かれなかった。しかし、北の家族から「金正日将軍のおかげで会うことができました」というお決まりの発言がしばしば聞かれたのも事実である。韓国政府にとって、北の家族のその程度の発言は許容範囲といえるだろう。怖いのは、今後の再会が金正日総書記の英断にかかっていると韓国の人々が思い始めることで、金正日総書記の韓国内での評価がますます高まっていくことだ。

韓国政府は今後、内に向けては国民の「金正日熱」を冷ましながら、外側では金正日政権に譲歩しつつ再会の継続や制度化を訴えなければならないというジレンマに苦しむことになろう。

北朝鮮特需への期待

金正日総書記がもたらした果実は、離散家族の再会事業だけではない。もう一つの金正日効果は、金総書記が韓国に求める大規模資本投資と韓国企業の北への進出が不況下にある韓国経済を好転させるという、いわゆる「北朝鮮特需」への期待である。

実は、韓国の金大中大統領自身、南北首脳会談が実現する以前から南北関係の進展を想定して、「これまでの特需とは比較にならない北朝鮮特需がやってくる。特に中小企業には想像できないほどの規模の投資の道が開かれるだろう」（『東亜日報』二〇〇〇年四月一日）と述べたことがある。これまでにも韓国のマスコミでは南北関係の改善に伴う北朝鮮特需の可能性がたびたび論じられてきたが、実際に首脳会談が実現したことで国民の北朝鮮特需への期待が一挙に高まったわけである。

とはいえ南北経済交流は首脳会談によって開花したわけではない。九八年、金大中氏は大統領就任後、これまでの北朝鮮に対する敵視政策をやめ、政経分離の原則を掲げて民間企業の北朝鮮への投資を大幅に緩和する太陽政策を実施してきた。その結果、北朝鮮と取引を行う韓国企業は財閥を中心にすでに五八〇社を超え、九九年の南北交易は三億三千万ドルと過去最高額を記録している。

財閥のなかでも北朝鮮との事業拡大に最も積極的なのは、韓国最大の財閥である現代《ヒョンデ》グループである。同グループの創設者である鄭周永《チョンジュヨン》氏が北朝鮮の江原道《カアンウォンド》生まれということもあり、彼の北朝鮮開発にかける意気込みは並々ならぬものがある。九八年に現代グループは、政府の太陽政策に乗じて、いちはやく金剛山の観光開発をスタートさせ、この二年間で一六万人に及ぶ韓国人観光客を北朝鮮に送り込んできた。

二〇〇〇年六月には、現代グループの傘下にある現代建設の金潤圭《キムユンギュ》社長が、首脳会談の直後に鄭周永氏とともに北朝鮮を訪問。特別経済地区に指定された金剛山一帯に「金剛山バレー」と呼ばれる先端技術研究開発団地を造成し、北朝鮮と合同で開発を進めていくことを発表した。また同年八月には、現代グループの鄭《チョン》夢憲《モンホン》前会長と金正日総書記が、特別経済地区に指定された北朝鮮南西部の開城《ケソン》に西海岸工業団地を造成することで合意するなど、同グループが首脳会談を契機に対北事業を一気に加速させる可能性もでてきた。

一方、対北事業に慎重な三星《サムソン》グループも、二〇〇〇年に入って系列の三星電子が北朝鮮の朝鮮コンピューターセンターとの間でソフトウエアの共同開発に乗り出した。同グループは、今後は南北会談後の北朝鮮の変化を見極めながら、南浦《ナムポ》などいくつかの地域で電子工業団地を建設したいという。

現代や三星と違って、太陽政策が打ち出される以前から、少しずつ北朝鮮との協力事業を拡大してきた財閥もある。通貨危機で経営困難に陥った大宇《デウ》は、九二年から北朝鮮の工場に輸出用のシャツやバッグの加工を委託してきた。韓国から取りよせた生地とビニール素材を平壌の縫製工場で完成品に仕上げる。ここで作られたメード・イン・北朝鮮のシャツは日本の大手スーパーにも卸されている。LGグループも、九六年から傘下のLG電子が平壌にある組み立て工場で自社ブランドテレビの製造を行っている。年間一万五千台のテレビを組み立てており、同グループの北朝鮮への投資額はこの一〇年で三億四千万ドル（約三六〇億円）に達するという。

首脳会談によって民間レベルでの南北経済交流に拍車がかかるなか、対北事業に参加意欲を示す在日韓国人企業家も現れた。京都のＭＫタクシーの青木定雄（本名・兪奉植《ユボンシク》）オーナーである。彼は、二〇〇〇年四月、在日朝鮮人実業家の梁広佑《ヤンガンウ》・金剛貿易社長の案内で北朝鮮を訪問、北朝鮮の朴南基《パクナムギ》・国家計画委員会委員長や郭範基《カクポンギ》・副首相と会談し、他の在日韓国人実業家や日本の経済人にも呼びかけ、共同で、①電力開発、②地下資源開発、③観光開発、の三分野にわたって北朝鮮に大規模投資することを約束した。

釜山《プサン》出身の青木氏は、現代グループの鄭周永名誉会長の勧めで、九二年にも金剛山観光開発計画を南北両政府に提起したことがある。このときは南北関係の悪化から計画倒れになったものの、青木氏の本国投資にかける思いは途絶えなかったという。今回、南北首脳会談が実現したことで、青木氏の思いと北朝鮮政府の思惑が一致したわけである。すでに北朝鮮政府が要請した具体的な開発計画が青木氏の手元に届けられており、青木氏の今後の動向が注目される。

南北経済交流のアキレス腱

韓国企業が北朝鮮に生産拠点を移行させるようになったのは、人件費が韓国の一五分の一程度で中国やＡＳＥＡＮ諸国よりも安い上、同じ言語を母語としているためコミュニケーション・ギャップの心配がないという取引上のメリットが指摘できる。また北朝鮮と取引している韓国の業者の話では、北朝鮮の労働者は優秀で、不良品の発生率も三％未満と低く、納期の遅れもほとんどないという。このように北朝鮮は、労働コストの削減や遊休設備の有効利用という面で、衣類や電子製品など労働集約型産業部門の生産拠点としてきわめて有望な地域であることは間違いない。

だが、南北経済交流の拡大に疑問を抱く経済人も少なくない。その理由はいくつか考えられる。まず北朝鮮は社会主義国家であるため行動の自由が著しく制限されており、資本主義国家とは商慣行も流通システムも異なっている。

また北朝鮮では電力、通信、道路、港湾などのインフラ部門が十分に整備されていない。とりわけ電力不足によって北朝鮮での工場の稼働率が二〇％前後という低水準にとどまっているというのも深刻な問題だ。さらに南北の定期航路がないため商品の輸送コストが割高になってしまうなど、南北交易の障害も少なくない。

また韓国財閥の構造改革が遅れていることも、南北経済交流にとって不安材料のひとつである。なかでも対北事業の牽引車であった現代グループの資金繰りがここにきて悪化し、経営不安がささやかれている。現代グループは、通貨危機の後も政府の構造調整に逆らって系列企業を拡大し、同族経営を堅持してきた。そのため五〇兆ウォンにのぼる負債はいっこうに削減されず、国民から反発の声が高まっている。政府は鄭周永氏をはじめ鄭一族の退陣と資産の売却を求めたが、彼らは株を手放さず経営に関与し続ける姿勢を示している。

現代グループはすでに北朝鮮政府との間で開城における工業団地の建設や金剛山バレーの造成を行うことに合意しているが、債権銀行団の間からは「対北事業よりも経営の立て直しを優先すべきだ」という批判の声も聞かれる。いずれにしても対北事業をリードしてきた現代グループの経営悪化は、南北経済交流の進展に大きな足かせとなりかねない。

とはいえ、南北首脳会談で経済交流の枠組みが整備されると判断した韓国企業は、こうしたリスクが今後軽減されることを想定して、北朝鮮における事業拡大に意欲的である。韓国貿易協会が北朝鮮と交易している企業を対象にアンケート調査をしたところ、首脳会談後に対北事業を拡大すると答えた企業が全体の八割を占めたという。

日本に期待される南北経済交流への支援

こうした民間レベルの南北経済交流を促していくためには、政府のバックアップ、また先進諸国、とりわけ日本の協力が不可欠である。まず政府レベルにおいては、投資保証協定や二重課税防止協定、さらに経済紛争を処理する機構を設置するなど、「今後は企業が安心して北朝鮮に投資できる環境を、両政府が整えていかなければならない」（金泳鎬《キムヨンホ》・韓国産業資源相の談話）だろう。

同時に港湾や鉄道など北朝鮮のインフラ整備を大胆に進めていく必要がある。とはいえインフラ整備には莫大な資金が要求されるため、民間レベルでの対応では限界がある。

韓国政府は北支援のための経済協力基金や南北協力基金など総計で一兆二千億ウォン（約一千億円）程度の資金を準備しているが、北朝鮮のインフラ整備には今後一〇年間に計七一兆ウォン（約七兆二千億円）の開発資金が必要という政府系シンクタンクの報告（韓国建設産業研究院発表）もあり、韓国独力ではもはやこの問題を解決できない。

そのため韓国政府は、北朝鮮にＩＭＦ（国際通貨基金）やＩＢＲＤ（国際復興開発銀行）などの国際金融機関への加盟を促し、そこから北支援のための開発資金を引き出すとともに、日本政府に全面的な協力を求めていくことになるだろう。

日朝国交正常化交渉を再開させた日本政府も、南北経済交流への支援が東北アジアの平和と安定にとって不可欠という大局的観点から、北朝鮮に対するある程度の経済協力は覚悟せねばなるまい。もちろん北朝鮮に対する日本の支援は金銭にとどまるものではない。北朝鮮の食糧不足を救済するＮＧＯを通じた人道支援や、ＪＩＣＡなどの組織からインフラ整備に必要な人材を派遣するほか、民衆レベルでの日朝の連帯を強化していくことが大切である。

もし日本政府や日本企業の協力で北朝鮮のインフラ整備が進めば、韓国の対北事業にも弾みがつき、北朝鮮に建設、セメント、通信関連で大きなビジネスチャンスが訪れ、大規模事業が発注される可能性もある。そうなれば北朝鮮特需も夢ではなくなるだろう。

南北経済交流の行く先に、そうした夢を描くのはたやすい。だが、夢の途中には、日本、韓国、北朝鮮三国間で解決しなければならない多くの問題が山積している。日韓朝三国が、このような問題にどこまで協調的に対処できるか。夢の実現にむけて、むしろこれから一〇年が勝負といえるだろう。

（二〇〇〇年一〇月）

第5章 「慰安婦」問題をめぐる日韓の攻防

はじめに

「あなたたちは、それでも人間なのですか」。原告のハルモニ（おばぁさん）が、退廷する裁判長に向かって、日本語で叫んだ。

広島高裁で二〇〇一年三月二九日、韓国人女性一〇人が第二次世界大戦中に「慰安婦」や「女子勤労挺身隊員」として強制的に働かされたとして、国に公式の謝罪と総額三億九六〇〇万円の損害賠償を求めた「関釜裁判」の控訴審判決が言い渡された。原告側の請求を一部認めた一審の山口地裁下関支部判決は取り消され、原告側の請求は棄却された。それは、元「慰安婦」の被害の救済にわずかな光を与えてきた一審の判断を、打ち消すものだった。

「関釜裁判」の教訓

広島高裁がどういう判断を示すかは、注目を集めていた。それは、一九九八年四月の一審判決が、これまで四〇件以上起こされた戦後補償裁判の中で、原告側の請求を一部でも認めた唯一の判決だったからだ。

一審判決は「従軍慰安婦制度は徹底した女性差別、民族差別であり、現在においても克服すべき根源的人権問題」であるとし、「国は元慰安婦に対し、被害の増大をもたらさないよう配慮すべき法的作為義務があったのに、多年にわたって放置、苦しみを倍加させて新たな侵害をおこなった」と指摘していた。そして、河野洋平官房長官（当時）が九三年八月、元「慰安婦」に対して当時の軍の関与の下に名誉と尊厳を傷つけたことを謝罪する談話を発表した後の国の対応について、「合理的期間と認められる三年を経過しても国会議員が立法をしなかったのは違法」と国家賠償義務を認め、元「慰安婦」三人に慰謝料三〇万円ずつを支払うよう国に命じた。

しかし、広島高裁の控訴審判決は「原告が受けた被害の重大さを考えると、立法措置を講じていないことに対する不満の心情は察するに余り有る」としながらも、「憲法解釈上、元慰安婦らに対する謝罪と補償についての立法義務が明白だとは言えず、立法不作為は違法の評価を受けない」との判断を示した。

控訴審判決からわかることは、司法は元「慰安婦」らが受けた精神的・肉体的被害の重大さを痛感しつつも、彼女たちを救済するための補償立法については「国会の裁量にゆだねられている」として、国に実効的な救済措置をとることを暗に促していることである。

つまずいた「アジア女性基金」

司法から国会にボールが投げられる中、日本政府は「慰安婦」問題にどのように対処してきたのであろうか。周知のように、日本政府は、九三年に「河野談話」を発表した後も、「慰安婦」と遺族への補償については六五年の日韓条約で国と国との請求権はすでに決着ずみであるとし、政府として元「慰安婦」個人への補償をすることはできないという立場を貫いてきた。

「慰安婦」問題の解決をめざした村山政権は九五年、元「慰安婦」への償い事業を進めることを目的とした「女性のためのアジア平和国民基金（アジア女性基金）」を創設した。この基金は当初、元「慰安婦」に対して日本国民からの募金を財源とした「基金」から一人当たり二〇〇万円の「償い金」を支給するほか、公的資金で一人当たり三〇〇万円相当の医療・福祉支援事業を実施することをその主な目的として設けられた。元「慰安婦」への償い金を国民からの募金で捻出するというこのアイデアは、国として元「慰安婦」に対する個人補償はおこなえないとする日本政府の立場に苦慮した村山政権の苦肉の策であったといえる。

だが、韓国の元「慰安婦」や支援団体には日本政府に国家賠償を求める声が強く、同基金の事業には韓国内で強い反発が生まれた。この反発の中で九七年一月、アジア女性基金は、受け取りを申し出た韓国の元「慰安婦」七人に対して、償い金と医療・福祉事業費を初めて支給した。韓国のマスコミはいっせいに、「日本が韓国政府に通報もせず一時金の支給を強行したことは日韓外交摩擦に繋がる」(『朝鮮日報』九七年一月一二日)と、アジア女性基金の事業を批判。元「慰安婦」を支援してきた韓国の市民団体「韓国挺身隊問題対策協議会」(挺対協)も、アジア女性基金の受け取りを拒否するために韓国内で民間募金を始めると宣言した。

韓国政府は当初、アジア女性基金の活動を黙認する姿勢をとっていたが、元「慰安婦」への償い金の支給に世論が強く反発したことから、次第に態度を硬化させていった。韓国政府は外交ルートを通じて日本政府にアジア女性基金による償い金支給の凍結を求めたが、同基金は「受け取る意思を示す当事者も多い」と反論し、事業を継続した。

九八年、韓国に誕生した金大中新政権は、「被害者の生活支援は自分たちがおこなう」とアジア女性基金に対抗して、元「慰安婦」への支援金制度を創設。名乗り出た一五〇人余りの元「慰安婦」のうち九割に該当する一三〇人のハルモニに一人当たり三五六〇万八〇〇〇ウォン(約三五〇万円)を支給した。

この際、すでにアジア女性基金から償い金を受け取った者は支援金の対象から外され、支援金は「日本から償い金を受け取らない」という条件で支給された。韓国政府がこうした強硬姿勢を取った理由について、金大中大統領は「『慰安婦』問題は日本政府の責任であって、日本国民の責任ではない。だから、(日本の)国民からお金をもらう筋合いがない」(金大中「国民的交流と友好の時代を」『世界』九八年一〇月号）と述べた。こうして韓国政府が「受け取り」拒否の姿勢を明確にしたことで、アジア女性基金は事業半ばで韓国人元「慰安婦」への償い金の支給を中断せざるをえなくなったのである。

「慰安婦」問題はなぜ歴史教科書に登場したか

このような「慰安婦」問題における日韓のねじれは、基本的には日本政府に個人補償を求める元「慰安婦」、個人補償に応じられないため国民からの募金で償い金を支給しようとした日本政府、「被害者個人に対する賠償を要求しない」としながらも日本側に女性基金による事業の大幅な見直しを求める韓国政府と、この三者間のボタンのかけ違い現象から生じていた。

しかし、韓国人の元「慰安婦」たちが日本政府に求めてきたものは、謝罪と補償だけではない。九〇年代に入ってから元「慰安婦」を支援してきた韓国の女性団体は、日本政府が朝鮮人女性たちを日本軍「慰安婦」として強制連行した事実を認め、それに対する公式の謝罪と補償をおこなうと同時に、何よりも、こうした過ちを再び繰り返さないために、日本の歴史教育の中でこの事実を語り続けることを一貫して要求してきた。

日本がそうした韓国側の求めに応じる動きをようやく示したのは、九五年に「日本のアジア諸国に対する植民地支配と侵略に対する痛切な反省と心からのおわび」を表明した「村山首相談話」が出てからのことである。市民グループやマスコミから元「慰安婦」たちの思いに応えようという声が高まる中で、九六年六月、九七年度版の中学校教科書の検定結果が文部省から発表され、七社に及ぶ社会科・歴史分野の教科書のすべてに、「慰安婦」に関する記述が初めて登場することになった。

その内容は、「朝鮮などの若い女性たちを慰安婦として戦場に連行しています」（大阪書籍）、「多くの朝鮮人女性なども、従軍慰安婦として戦地に送り出された」（教育出版）、「朝鮮や台湾などの女性のなかには戦地の慰安施設で働かされた者もあった」（清水書院）というわずか一行程度の、ごく簡単な紹介にとどめられた。だが、日本の歴史教科書の中で「慰安婦」問題が歴史的事実として記述された意義は少なくなかった。

このように、日本軍「慰安婦」問題が日本の教科書に登場するようになったのは、「二度とこうした過ちを繰り返さないために、歴史教育の中で事実を伝えてほしい」という元「慰安婦」たちの願いに応えようという、日韓両国の戦後補償要求運動のなかで実現したものであった。

だが、韓国やその他アジアの「慰安婦」が日本の歴史教科書に記述されることに不快感を示す日本の学者、政治家たちも少なくなかった。「従軍慰安婦」問題が教科書に登場するという報道に危機感を抱いた学者・文化人グループは九六年一二月、「新しい歴史教科書をつくる会」（「つくる会」）を旗揚げし、教科書から「慰安婦」記述の削除を要求した。

最大の「見解の相違」は何か

ここで、「つくる会」のメンバーや、同会発足時の賛同者の秦郁彦日本大学教授らは、「従軍慰安婦強制連行説」について、次のような問題点を指摘した。①「従軍慰安婦」という言葉は不適切であり、「言葉としては単に『慰安婦』で十分」（藤岡信勝『汚辱の近現代史』徳間書店、一九九六年）、②「慰安婦強制連行」説は、これを裏付けてきた「吉田証言」が否定された以上、根拠がない（秦郁彦「昭和史の謎を追う――従軍慰安婦たちの春秋」『正論』一九九二年六月号）、③慰安所の設置に国が関与したのは、悪質な関与ではなく、「よい関与」だった（小林よしのり『新ゴーマニズム宣言』第四巻）、④「アジア女性基金」も「解散するのが適切」である（秦郁彦「アジア女性基金は撤退せよ」『朝日新聞』一九九八年八月二七日）

とはいえ、こうした主張は、かならずしも韓国の元「慰安婦」や彼女たちの運動を支援する「挺対協」の主張や、吉見義明中央大学教授や和田春樹東京大学名誉教授ら「慰安婦問題」を解明し戦後処理を進めようという日本国内の市民運動グループの主張と、全面的に食い違うものではない。

例えば、①については、吉見氏も「『従軍慰安婦』という用語が適当だとは思わない」（吉見義明『従軍慰安婦』岩波新書）と語っているし、挺対協グループも「従軍慰安婦」という表現は誤解を与えるとし、「日本軍慰安婦」という表現を使用している。また、③についても、「よい関与」であったのか、「悪い関与」であったのかは別にして、三者（「つくる会」、日本国内の「慰安婦」問題真相究明グループ、韓国内の元「慰安婦」を支援する市民グループ）とも、「日本軍の慰安所への関与」を認めている。④については、和田氏らの「女性基金」支持グループを除けば、「つくる会」も挺対協も「アジア女性基金」による償い金の中止を求めている。

こうして考えてみると、三者間の最大の見解の相違は、やはり②の「慰安婦強制連行」説の根拠ということになる。この問題では、戦時中に山口県労務報国会下関支部にいた吉田清治氏が軍の命令による強制連行を証言したことが大きな影響力を持ってきたが、「つくる会」は、秦氏の調査によって「吉田証言」が否定されたことで、「慰安婦強制連行」説の根拠は崩れたと見ている。しかし、「慰安婦強制連行」説の根拠は「吉田証言」だけではない。

九二年に韓国政府が発表した『日帝下の軍隊慰安婦実態調査中間報告書』には、韓国人女性が日本軍「慰安婦」として強制連行された証拠として、吉田氏の『私の戦争犯罪』（三一書房）に加えて、『女子挺身隊の募集資料』と元「慰安婦」一三人の聞き取り調査などが挙げられている。この元「慰安婦」の聞き取り調査について、「つくる会」の小林氏は「何の裏付けもない断片的な証言で、矛盾も多く、到底証拠にはなりえない」（小林、前掲書）と述べているが、そう簡単に言い切れるのだろうか。

確かに「慰安婦強制連行」説を主張している吉見氏も「五十年もまえの出来事の回想なので、記憶違いがないとはいえない。……元慰安婦の多くは、十分な学校教育を受ける機会がなかったこともあってか、証言内容が矛盾したり、年代があいまいだったりする」ことを認めている（吉見、前掲書)。吉見氏をはじめ、韓国の挺対協や、歴史研究団体の韓国挺身隊研究会など、「慰安婦」問題の真相を究明しようとするグループは、矛盾が多いという理由で彼女たちの証言を葬るのではなく、五〇年という歳月を経て記憶が薄らぐことを前提に、繰り返し聞くことで矛盾する証言内容から「信頼性の高いと判断される」証言をひきだしている。

彼らが「慰安婦」の証言にこだわるのは、そこに彼女たちの「強烈な体験」や「当事者でなくては語りえない事実」が存在すると考えるからである。挺対協と挺身隊研究会は、多くの元日本軍「慰安婦」からヒアリングをおこない、そのうちの信頼性の高い一九人の証言を検討した結果、「慰安婦の強制連行」を裏付けているが、小林氏は一九人すべての証言がでたらめとでも言うのであろうか。もしそんな理屈が通るなら、被害者本人の証言しか証拠がない、目撃者のいないレイプはすべて無罪ということになる。

一刻を争う「補償立法」の決断

とはいえ、「つくる会」の主張は、小林氏の漫画を媒介にして支持勢力を拡大し、ついに二〇〇一年四月三日、「つくる会」が編集した新しい歴史教科書が一三七項目の修正を経て文部科学省の教科書検定に合格した。

しかしそれ以上に驚かされたのは、「慰安婦」について記述しなかった教科書が、「つくる会」の編集によるものだけではなかったことである。前回(九七年度版)の検定では、合格した七つの出版社すべての教科書に「慰安婦」問題が取り上げられていたが、今回は「つくる会」の編集した扶桑社版に加えて、教科書市場の八割を占める東京書籍、大阪書籍、日本文教出版の三社が「慰安婦」に関する記述を削除した。

「性的な問題は教えにくいという声が現場の先生から出ている」(『朝日新聞』二〇〇一年四月四日)というのが表向きの理由だが、マスコミの報道では「文部科学省から出版社に圧力が加えられた可能性もある」(TBS『ニュース23』二〇〇一年四月四日放送)という。この時点で、「慰安婦」の記述を教科書から削除すべきという「つくる会」の当初のもくろみは、ほぼ達成されたといってもよいだろう。

だが、「つくる会」主導で編集された中学歴史教科書が検定を通過したことに、韓国、中国、台湾、北朝鮮、ベトナムの各国政府はすぐさま懸念の意を表明し、アジア諸国から日本の右傾化を警戒する声が相次いでいる。とりわけ韓国との間では、この問題で駐日大使を一時帰国させるなど、深刻な外交問題にまで発展しつつある。日本がこうした教科書問題によってアジアで孤立してしまうのは、国連で安保理常任理事国入りを狙う立場からも賢明な選択とはいえない。日本は「過去の過ちを再び繰り返さないために、歴史教育の中で語り続けてきた」これまでの努力を決して無駄にすべきではないだろう。

韓国政府の元「慰安婦」への支援金の支給によって「アジア女性基金」が行き詰まりを見せ、日本政府による被害救済にわずかな望みをかけていた「関釜裁判」の控訴審判決が原告の逆転敗訴に終わり、「慰安婦」問題が日本の大部分の歴史教科書から削除された現在、元「慰安婦」のハルモニたちの要求はすべて否定されたといってもよい。こうした四面楚歌の状況の中で、元「慰安婦」たちに誠意ある補償を行う道は、一連の戦後補償裁判の判決が示しているように、補償立法による解決しか有効な手立てはないのではなかろうか。元「慰安婦」が高齢化していることを考えると、時間的猶予は残されていない。日本政府の一刻も早い決断が求められている。

（二〇〇一年七月）

第6章　教科書問題は解決できないのか

はじめに

二〇〇一年一〇月一五日、小泉純一郎首相が就任後初めて韓国を訪問した。だがソウルで彼を待ち受けていたのは、北京のような熱烈な歓迎ではなく、学生・市民による「小泉訪韓反対」デモに備えた約三千人の機動隊だった。空港のはりつめた雰囲気は、明らかに彼が「招かれざる客」であることを物語っていた。

訪韓した日本の首相は、ソウル到着後、報道陣の前で「過去に対する謝罪」の言葉を述べるのが慣例になっているが、小泉首相は現地の雰囲気を察してか、謝罪の言葉だけでなく、謝罪の場にも配慮を見せた。

首相は首脳会談に先立って、国立墓地に立ち寄って焼香し、その後ソウルの西大門《ソデモン》独立公園にある刑務所跡までわざわざ足をのばして、謝罪の言葉を述べたのだ。ここは、植民地時代に韓国の独立運動家が多数投獄され、獄中死した、いわば日本の植民地支配の負の記憶が詰まった場所である。

韓国民を失望させた小泉発言

小泉首相は、刑務所跡に設立された歴史展示館を見学した後、集まった日韓両国の記者団を前に次のように述べた。「日本の植民地支配によって韓国の国民に多大な損害と苦痛を与えたことに対し、心からの反省とおわびの気持ちをもって、いろいろな展示や拷問の跡を見せて頂いた。苦痛と犠牲を強いられた方々の無念の気持ちを忘れてはいけないと思った。お互いに反省しつつ、二度と苦痛の歴史を歩まないよう協力していかなければならない。」

小泉首相としては、あえてこうした場所を選んで謝罪の言葉を述べることで、韓国の国民に誠意を示し、歴史教科書問題や靖国神社参拝でこじれた韓国との関係を修復しようとしたのかもしれない。しかし心憎いばかりに演出された場で吐かれた首相の言葉は、韓国の国民を納得させるどころか、逆に失望させた。首相の口から出た「お互いに反省」すべきという言葉が、多くの韓国人の心に突き刺さったからである。

「お互いに反省すべきとは、いったいどういう意味か」。こんな声が多くのソウル市民から聞かれた。「この発言で、すべてが台なしになった」と答える人もいた。韓国の歴史教科書を自国中心主義と批判するソウル市立大学の鄭在貞《チョンジェヂョン》教授（四九歳）は、「韓国人にも植民地化された歴史を反省する気持ちはあるが、日本人から言われる筋合いはない」と、首相の不用意な発言に強い不快感を示した。

首脳会談における小泉首相の答弁も、日本政府に対する韓国民の不信感をぬぐいさるものではなかった。なかでも「戦争を二度と起こしてはならないという気持ちで犠牲者への慰霊の心を表すために参拝した」という首相の答弁は、韓国のマスコミから靖国神社参拝を正当化した、いわば居直り発言として受け止められた。

また両国の最大の懸案であった歴史教科書問題について、小泉首相は「歴史をめぐり日韓で共通認識をつくる」必要性を説いたが、この提案を疑問視する韓国人も少なくない。というのも、日本政府には、過去を正当化した歴史教科書に対する韓国側の修正要求を、ことごとく無視してきた前科があるからだ。

韓国が修正を要求する根拠

とはいえ、日本人の読者のなかには、韓国の修正要求こそ内政干渉だと考えている人がいるかもしれない。ここで、読者の誤解を解くために、なぜ韓国が修正を要求するのか、またそうした修正要求が内政干渉といえるのか、今一度検討してみるのも悪くないだろう。

まず韓国側の行動を理解するためには、日韓両政府間で過去に合意された「近隣諸国条項」と「日韓共同宣言」の内容を再確認することが重要だ。「近隣諸国条項」は、今から二〇年近く前の一九八二年に、日韓、日中間で起こった「第一次教科書問題」を解決するために日本側から提案・合意されたものである。八二年、教科書検定で「戦時中の日本軍の行動が『侵略』から『進出』に変更される」という報道をきっかけに、韓国や中国で日本の教科書に対する批判の声が高まった。これに対して、日本政府は松野国務相（当時）が「韓国や中国の日本教科書批判は内政干渉」と批判、「検定作業に変更の余地はない」と一時強硬路線で対抗した。

しかしこの松野発言をきっかけに韓国、中国で対日批判論が過熱。世論の後押しを受けて、韓国と中国両政府は日本政府に対し、日韓、日中関係について「歪曲された」歴史記述の修正を要求した。近隣諸国との摩擦が激化することを恐れた日本政府（文部省）は「二年後修正案」を発表すると同時に、歴史教科書の検定基準に「近・現代史における日本とアジア諸国との関係の記述については近隣諸国の意向に配慮する」という「近隣諸国条項」を設けることで、外交問題化した教科書問題の収束を図った。

このような意図をもつ「近隣諸国条項」が有効である限り、日本の教科書検定で日韓、日中関係に関する不適切な記述が認められた場合、韓国や中国が日本側に意見を述べたり、記述の修正を促すのは当然であり、それはまた日本政府から公認された対応であるといえるだろう。したがってこうした韓国の申し入れを内政干渉と批判するのは、逆に「近隣諸国条項」を無視した発言であり、日韓合意を反故にする行為と言わざるをえない。

形骸化した日韓共同宣言

韓国を修正要求に駆り立てるもう一つの動機は、日韓共同宣言である。九八年一〇月、金大中大統領が日本を訪問したとき、小渕恵三首相は九五年の「村山談話」を踏襲して、過去の植民地支配への心からの反省、謝罪を表明した。金大統領がこれを評価し生まれたのが、この日韓共同宣言である。いわば、日韓共同宣言は、韓国政府が「日本も正しい歴史認識」をもつようになったと判断することで、両国が互いに「過去」に区切りをつけようとしたものであった。

だが一冊の歴史教科書が教科書検定を通過したことで、韓国政府は日韓共同宣言の前提である日本の「歴史認識」を再び疑わざるをえなくなった。そもそも「新しい歴史教科書をつくる会」の主導で編集されたこの歴史教科書は、その「自国中心主義的な内容」ゆえに、検定申請の時点から近隣諸国の攻撃を受けていた。二〇〇〇年の夏頃から「つくる会」が編集した教科書の申請本を事前に入手していた韓国のマスコミは、その内容を「歴史の歪曲」と批判し、日本政府に「近隣諸国条項」にそった教科書検定を行うようシグナルを送ってきた。しかし文部科学省は二〇〇一年四月、一三七項目も検定意見がついたこの欠陥教科書を不合格にせず、自ら書き直しを誘導することで合格させてしまったのである。

このとき、検定を通過した「つくる会」の歴史教科書に「依然として過去の誤りを合理化し、美化する内容が含まれている」と判断した韓国政府が、同教科書について日本政府に再修正を要求したのは当然の行為であった。というのも、もし過去を正当化した歴史教科書が検定を通過してしまうということになれば、日韓共同宣言の前提が崩れてしまうからだ。

しかし文部科学省は同年七月八日、検討の結果を発表し、「つくる会」が自主修正に応じた二カ所を除いては「歴史解釈には踏み込めない」などと韓国側に釈明、結局、日本政府が修正要求に応じなかったことで、韓国政府は対抗措置をとらざるをえなくなった。

翌七月九日、韓国の与党の新千年民主党は「再修正要求が貫徹されるまで可能なすべての手段を動員し、強力に対処する」ことを政府に要求する決議を採択。野党のハンナラ党も政府に強い対応を求めた。

そしてついに同年七月一八日、韓国国会で、日韓共同宣言の破棄を含め、対日関係全般の見直しを韓国政府に促すことなどを盛り込んだ決議案が全会一致で採択される。その内容は、日本政府が過去を正当化する歴史教科書を容認するなら、「日本が過去への謝罪を表明し、韓国がそれを評価した」日韓共同宣言はいったん白紙に戻さなければならないというものだ。

中断された日本文化の開放

同時に韓国政府は、歴史教科書の再修正要求を拒否した日本政府に対する対抗措置として、これまで実施してきた日本大衆文化の開放措置を中断すると発表した。

実は、日本大衆文化の開放措置も、九八年の日韓共同宣言にもとづいて実現したものだ。金大中大統領が就任以来、国内の反対論を押し切って実施してきた対日融和策の一つでもある。歴史教科書問題が表面化するまでは、金大中政権の功績として国内でも高い評価を受けてきたが、日本との関係見直しを迫る国内世論に押されて中断せざるをえなくなった。

といっても日本大衆文化の開放は、これまでに第一次（九八年一〇月）から第三次（二〇〇〇年六月）まで三回実施されており、日本映画（ただし成人映画は除く）の公開や日本人ミュージシャンの公演活動はすでに認められている。規制が残っているのは日本語歌詞の音楽CD、映像ビデオ、テレビドラマの放映、ゲームソフトの販売などの分野だけだ。

これらの日本製品に対する規制も、二〇〇一年秋の第四次開放ですべてなくなるはずだった。だが今回の追加開放措置の中断で、日本のCDやビデオの販売、テレビドラマの放送は当分の間、認められないことになった。二〇〇二年の韓日共催ワールドカップ・サッカーに向け、日韓共同でCD、ビデオ、テレビ番組などの制作を予定していた韓国の関係者はショックを隠せない。

また第三次開放で解禁された日本人ミュージシャンの韓国公演も、教科書問題の影響でスポンサーがまったくつかず、取りやめになったコンサートもある。これまで日韓の文化交流を担ってきた韓国の団体や企業にもしわ寄せが来ているようだ。

ヒトの交流にも影を落とす教科書問題

教科書問題は日韓の人的交流にも影を落としている。韓国教育人的資源省が再修正要求に応じない日本政府への対抗措置として、日本の学生や教師との交流事業の見直しを発表したからだ。韓国政府がこの声明を発表した二〇〇一年七月一三日以降、韓国の学校から交流中止の知らせを受ける日本の学校が急増した。

熊本県の矢部町では、夏に予定していた同町と韓国の忠清南道《チュンチョンナムド》の中学校間の交流事業が中止された。同町では九四年から毎年、町内の中学生二〇人が忠清南道を訪れ、友好を深めてきたが、やはり韓国側から教科書問題を理由に「見合わさざるをえない」と回答してきたためだ。

九二年から学生間の日韓交流を続けている鹿児島県の溝辺町でも、夏から小学生二四人が釜山《プサン》市などを訪問することになっていたが、韓国側から「関係が正常化したら、また交流をしましょう」という連絡があり、訪問は中止になった。

また二〇年前から韓国の議政府《ウィチョンブ》市と市民スポーツ交流を続けている新潟県の新発田市でも、夏に小中学生九〇人が訪韓する予定だった。しかし同年五月、韓国側から「教科書問題が解決するまで交流を見送る」という知らせが届けられた。

島根県の県立横田高校も、九七年から実施してきた韓国への修学旅行を中止した。韓国の浦項《ポハン》製鉄高校と交流することになっていたが、韓国側から交流中止の申し入れがあり、断念したという。

観光業界への影響も深刻だ。交流事業の中断で、韓国への日本人観光客が大幅に減少したからだ。日本人団体旅行の相次ぐキャンセルで倒産に追い込まれた旅行会社もある。日本政府への報復措置は、韓国経済にも打撃を与えているのである。

「解決」への選択肢は三つ

ここまでこじれた日韓関係に、はたして修復の道はあるのだろうか。

先の日韓首脳会談で、小泉首相は歴史教科書問題について、相互理解を深めるために「日韓の専門家の研究で共通認識をつくる」ことを韓国側に提案した。これを受けて、金大中大統領は「教科書は正しい記述をしなければならないという前提で、日韓で共同研究機関をつくることが必要」と日本側の提案に応じた。

このような両首脳のやりとりを見る限り、日韓で共同研究を進めていくことで一応の決着がつけられたように見える。だが、これで歴史教科書問題は収束するのだろうか。私にはそうは思えない。大部分の韓国人が、依然として日本政府の対応に納得していないからである。今回の提案に従って、日韓で共同研究機関をつくり、歴史に対する相互理解を深めたとしても、日本政府がその一方で、過去を正当化する歴史教科書を検定制度で公認し続けるなら、再び韓国やその他近隣諸国との間に摩擦が生じることは確実である。

歴史教科書問題を解決するためには、やはり現在の検定制度を根本的に見直す必要があるだろう。この際、日本政府がとりうる選択肢としては、以下のようなものが考えられよう。

第一の選択肢は、教科書検定を廃止して、一般書籍と同じように、どのような思想で書かれた教科書も自由に出版できるようにすることだ。そうすれば、日本政府も介入できないが、近隣諸国も介入できない。とんでもない教科書が出版される可能性もあるかもしれないが、教科書の実質的な「選定」は各教育委員会や学校教員の良識に任せればよい。

次に、検定がどうしても必要であるというなら、いっそ韓国のように歴史教科書を国定教科書にしてしまうことだ。ただし、教科書づくりには日本のタカ派やハト派の歴史学者、韓国や中国の歴史学者もアドバイザーに加えた「歴史教科書作成委員会」を設置して、誰もが納得する共通歴史教科書を提供することが必要だ。各学校は、副読本を自由に選ぶことで独自性を出せるようにすればよい。この選択肢をとった場合は、今回提案された「日韓の共同研究機関」が大きな役割を果たすかもしれない。

最後の選択肢は、日本が思い切って「日韓共同宣言」を破棄し、教科書検定における「近隣諸国条項」も破棄してしまうことである。そうすれば「過去を正当化した」歴史教科書を検定合格させたところで、韓国や近隣諸国がクレームをつける正当性はなくなる。ただし日本は、アジアからさらに孤立していくことを覚悟しなければならないだろう。

いずれにせよ、日本がアジア諸国に向けて「過去を反省する」と言いながら、一方で「過去を正当化する」歴史教科書を公認するというダブル・スタンダードの姿勢をとっていては、どこの国からも信用されないだろう。どの選択肢が一番日本の国益にかなうか、どうすれば教科書問題の再燃を防げるか。無用な日韓摩擦を回避するためにも、政府や文科省は知恵をしぼることが必要だ。

（二〇〇二年一月）

第7章　反米感情と対米依存のジレンマ

はじめに

韓国では米国を「美国《ミグッ》」と呼ぶ。中国でも同じ表記を使うが、対米意識は戦後長らく違っていただろう。韓国人は漢字の通り、米国を美化し、崇拝してきた。世界一の経済力と軍事力を持つこの国に敬意さえ抱いてきた。

韓国の親米感情は、かつて米国が朝鮮戦争で韓国のために戦い、共に血を流してくれた戦友であるという一種の仲間意識から生まれた。そして、米国の経済援助で韓国が経済復興を遂げ、在韓米軍が韓国の安全保障の要になってきたという、韓国人の経済、軍事面での対米依存意識がこうした感情を育んできた。

ところが最近の韓国人は、このような親米感情を持たなくなってきた。二〇〇二年一二月、大統領選挙の直前に行われた世論調査では、二十代の半数、三十代の四割、四十代の三割の人が「米国は嫌い」と答えた（表4）。とくに、二十代、三十代は反米感情が強いようだ。彼らには、親米感情から一転して強い反米感情が芽生えつつある（表5）。韓国人新世代の対米意識の変化は、どのような背景から生み出されてきたのだろうか。

反米感情の歴史的背景

まず三十代の反米感情のルーツから考えてみたい。韓国では現在三十代の人々を「386」世代と呼んでいる。彼らが、一九六〇年代に生まれ、八〇年代に大学生活を送った世代であるからだ。この世代は、高度成長の落とし子であると同時に、八〇年代の韓国民主化を担った世代でもある。彼らの対米認識を大きく変化させたきっかけは、八〇年の軍部クーデターに反対する民主化運動の流れの中で起こった光州《クァンジュ》事件である。

この年、朴正熙《パクチョンヒ》政権崩壊後の韓国では維新体制の清算を求める国民の声が強まり、民主化デモが頻発していた。同年の五月一七日、全斗煥《チョンドファン》を中心とする軍部は、社会の混乱を鎮静化するという名目で、非常戒厳令を敷いて金大中《キムテジュン》、金泳三《キムヨンサム》、金鍾泌《キムジョンピル》などの有力政治家を逮捕・軟禁し、権力を奪取してしまう。

翌日から、全国各地で戒厳令に抗議する学生デモが起こり、とりわけ韓国南西部、全羅南道《チョンラナムド》の光州《クァンジュ》市では一般市民が決起し、二〇万人規模のデモが展開された。その後、デモは全羅南道全体に波及し、光州では学生と市民の代表が武器をとり、戒厳軍と対峙するという事態にまで発展し

表4　韓国人の世代別対米感情

(2002年12月調査, 単位: %)

	嫌い（悪い）	中間	好き（良い）
20歳代	51.7	40.5	7.8
30歳代	43.0	51.5	5.5
40歳代	31.9	56.2	11.9
50歳代	18.8	55.3	25.9

(出所)『中央日報』2002年12月15日。

表5　韓国人の対米感情の推移

(単位: %)

	とても悪い	悪い	中間	良い	とても良い
2001年	4.1	17.6	42.3	30.5	5.5
2003年	15.5	25.4	33.6	18.9	5.6

(出所) 三星経済研究所『韓国人ノ価値観, 急変ト混沌』2003年4月,20頁。

た。このとき、全斗煥保安司令官は最精鋭の空挺部隊を光州に投入し、民衆蜂起を武力で鎮圧したのである。

負傷者二千人、死者一九三人（戒厳軍司令部発表、市民グループの調査では二千人近くが死亡したとの報告もある）という悲惨な結末をもたらしたこの事件は、国民に銃口を向けた軍部だけでなく、韓国軍の武力行使を黙認した在韓米軍や米国に対する国民の失望感を増幅させた。民主主義の代表と思っていた国が、韓国民衆の民主化闘争を見殺しにしたからである。事件の責任を追及する国民の声は米国政府にも向けられ、反米感情はやがて釜山の米国文化院放火事件（八二年）やソウルの米国文化院籠城事件（八五年）に発展する。

女子中学生死亡事件の波紋

「386」世代に反米感情が強いのは、こうした光州事件の後遺症が現在なお癒えないためだが、彼らより若い二十代から三十代を指す「2030」世代に反米感情が高まっているのは、まったく別の事情、ある少女中学生の事故死がきっかけだった。

事故が起きたのは、二〇〇二年六月一三日。日韓共催ワールドカップ・サッカーで韓国代表チームが決勝トーナメント進出をかけたポルトガル戦を明日に控え、国民全体がサッカー熱に浮かされていた日のことだった。

午前一〇時四五分、ソウル北の京畿《キョンギ》道《ド》楊州郡《ヤンチウクン》の路上で、友達のところに向かっていた女子中学生、シン・ヒョスンとシム・ミソンの二人が、側道にはみ出した訓練中の在韓米軍第二師団所属の装甲車にひかれ亡くなるという、ショッキングな事件が起きた。

装甲車を運転していた米兵二人は過失致死罪で起訴されたが、韓米地位協定により、公務中という理由で被告の裁判権は米国に握られることになった。そして同年一一月、被告の米兵二人が米軍事法廷でともに無罪判決を受けて出国したことから、韓国人の怒りが爆発した。

無罪判決を受けて、約一二〇の労働組合や市民団体が汎国民対策委員会を結成し、韓米地位協定の改定と米国大統領の直接謝罪を求める運動を展開した。米兵の裁判権の放棄を求めた韓国政府の要請を米国が拒否したため、反米感情は日ごとに悪化し、米国大使館があるソウルの光化《クァンファ》門《ムン》には自然発生的に市民が集まり、米軍に抗議するロウソク集会を何カ月も続けた。

追悼集会の参加者は増え続け、同年一二月一四日にソウル市庁舎前で開催された集会には、五万人もの人々が集まった。参加者のうち圧倒的多数は若い世代であり、そこには中高生の姿も数多くあった。この追悼集会は、韓国における反米感情が、皮肉にもマクドナルドやジーンズなど米国の消費文化で育った若い世代にも広がっていることを示すものであった。

問われる在韓米軍の存在意義

二人の女子中学生の死亡事件は、あくまで一つのきっかけにすぎない。韓国人は、これまでにも米軍関連の事件や事故が起こるたびに、韓米地位協定によって不公平な扱いを受けてきた。米兵が基地の外で罪を犯しても、韓国の刑事裁判権の下に置かれなかったり、今回の事件のように公務中の事件や事故である限り、韓国に裁判権はない。九七年から二〇〇〇年までの四年間に、韓国が裁判権を放棄して米軍側に手渡した犯罪は九一六件に達しているが、そのうち実刑判決が下ったのはわずか四件にすぎない（李鍾元《リージョンウォン》「民主主義のブーメラン」『毎日新聞』二〇〇三年一月一六日）。女子中学生死亡事件を契機に頻発した米軍に対する抗議デモは、こうした露骨な「治外法権」を許してきた韓米地位協定に対する国民の不満が一挙に噴出したものでもあった。

それでも国民の多くが在韓米軍の存在を認めてきたのは、彼らが「北（北朝鮮）の脅威」を身近に感じてきたからである。特に朝鮮戦争を体験した五十代、六十代の戦中派には、北アレルギーが強い。歴代の韓国政府は、こうした世論を背景に、北朝鮮軍の軍事侵攻やミサイル・核攻撃から自国を守るという名目で、在韓米軍を厚遇し特別扱いしてきたのである。

しかし若い世代は違う。朝鮮戦争を体験していない「386」世代や「2030」世代は、そもそも北アレルギーが希薄だ。さらに、金大中政権が進めてきた太陽政策によって北朝鮮のイメージが大きく変わった。先の世論調査でも、二十代、三十代の実に四七％が北朝鮮に好感を持っていると答えている。彼らにとって、北朝鮮はもはや敵対する国家ではなく、離散家族が住む兄弟国というわけだ。そうした意味で、在韓米軍は、兄弟国である北朝鮮との交流を妨げる障害物としか映らない。そんな彼らが、在韓米軍の必要性に強い疑問を感じ始めたとしても決して無理はないだろう。

若者たちの反米感情の背後には、在韓米軍に対する反発と同時に、こうした北朝鮮に対する認識の変化がある。彼らは、北朝鮮の軍事的脅威よりも在韓米軍の横柄さに、より強い反発を感じているのである。

米国資本にのみ込まれる韓国経済

韓国人の米国への反発は、不平等な地位協定にとどまらない。米国主導によるグローバリゼーションが進展するなかで、韓国経済はやがて米国資本に掌握されるのではないかという不安も、反米感情に拍車をかけている。

九七年、通貨・金融危機に陥った韓国は、その後、大胆な構造改革でみごとな回復を遂げてきた。金大中政権の構造改革がスタートした九八年と、構造改革終了後の二〇〇二年とを主要な経済指標で比較すると、経済成長率はマイナス六・七%からプラス六・三%に、一人当たりのGNP（国民総生産）は六七〇〇ドルから一万ドルに、外貨準備高は五三〇億ドルから一一七〇億ドルに、一方で失業率は六・八%から二・五%に減少するなど、まさに「V字形回復」というにふさわしい経済回復を遂げてきた（**表6**）。

だが一方で、政府がIMF（国際通貨基金）の指導に従って、外国からの投資規制、輸入規制を大幅に緩和したことで、電子・半導体、通信機器、鉄鋼、造船部門を中心に韓国企業における外資のプレゼンスが高まりつつある（**表7**）。韓国証券取引所の調査では、外国人持分率が四〇%を超える企業は三〇社あり、この三〇社が所属企業全四九四社が生み出す純利益（二〇〇三年事業年度上半期）の五五・五%を占めていることが判明した（柳町功「グローバリゼイションと韓国的経営」国際高麗学会日本支部、第七回学術大会報告、二〇〇三年一一月三〇日、大阪教育大学）。

中でも、米国資本の韓国進出には目を見張るものがある。ちなみに韓国の三星経済研究所の報告（二〇〇〇年調査）では、韓国経済の主な業種での外資系企業の市場占有率は以下のようなものである（Samsung Economic research Institute, CEO Information, 2002）。

・石油化学部門――米国のコロンビア・ケミカル社とドイツの Degussa 社を中心とする外資系企業がカーボンブラック市場の六九%を支配。

表6　構造改革期における主要経済指標の推移(1997-2002年)

	1997	1998	1999	2000	2001	2002
実質GDP（前年比%）	5.0	-6.7	10.7	9.3	3.1	6.3
経常収支（億ドル）	-82	406	250	122	82	41
外貨準備高（億ドル）	204	530	740	962	1,928	1,170
対外債務残高（億ドル）	1,592	1,487	1,365	1,317	1,188	1,298
失業率（%）	2.6	6.8	6.3	4.1	3.8	2.5
国家信用格付(ムーディーズ)	Bal					A3

(出所)韓国銀行。

表7　主な韓国企業の外資保有比率　(単位:%)

電子・半導体部門	外資保有比率
Samsung Electronics	55.7
LG Electronics	24.7
Dae Duck Electronics	31.2
通信機器部門	外資保有比率
SK Telecom	31.9
KT Corp	37.2
鉄鋼部門	外資保有比率
Pasco	60.7
Dong Kuk Steel Mill	15.2
造船部門	外資保有比率
Hyundai Heavy Industries	7.4
Daewoo Shipping & Marine Engineering	5.4

(原資料)Korea Company Year Book 2002/2003.
(出所)根本直子『韓国モデル』中公新書ラクレ,2003年,138頁。

・機械・金属部門――米国のオーティス社がエレベーター市場の五〇％以上を支配。
・製紙部門――米国のP&G社とキンバリー・クラーク社が紙おむつ市場の七七％を支配。
・製薬部門――SCジョンソン社、コロラックス社などの米国企業が殺虫剤市場の五五％以上を支配。
・食品部門――米国のコカ・コーラ社がコーラ市場の五七％を支配。
・その他――米国のジレット社が乾電池市場の九八％を支配

これは調査のほんの一部を紹介したものにすぎないが、これだけを見ても、政府が市場開放を進めたことによって、韓国経済の様々な部門で外資系企業、なかでも米国企業の市場占有率が著しく高まっていることがわかる。

韓国経済の担い手は誰なのか

また、政府が外国人の敵対的M&A（合併・買収）を許可した結果、外国企業が韓国内で整理対象になったメーカーや金融機関を買収したり、経営権を握ったりするケースが急増している。大宇自動車がGMに、三星自動車がルノーに売却されたが、とりわけ金融機関への外資の参入が目立つ。

実に、金大中政権の金融再編を通じて、外換銀行株の三五％、ハナ銀行株の二八％、韓美《ハンミ》銀行株の六九％、第一銀行株の五一％が外資に握られることになった（**表8**）。なかでも、国民銀行は

表８　韓国の主要銀行に占める外国人持株比率

(2002 年 12 月, 単位: %)

銀行名	外国人持株比率
国民銀行	68
新韓フィナンシャル	47
外換銀行	35
ハナ銀行	28
韓美銀行	69
第一銀行	51

(出所) 三星経済研究所。

ゴールドマン・サックス、第一銀行はニューブリッジ・キャピタル、住宅銀行はニューヨーク銀行がそれぞれ筆頭株主になり、いずれも米国資本が実質的な経営支配権を獲得している。

このように韓国は積極的に外資を受け入れることで経済危機を克服してきた。しかし、その実態は、韓国経済が米国資本の巨大な波にのみ込まれていく「対米従属の深化」のプロセスであったと言っても過言ではない。

経営権が米国人に移るだけでは終わらない。米国企業に買収されると、これまで韓国のビジネスマンが慣れ親しんできた「韓国式」の企業文化は否定され、欧米式の経営スタイルに変更されることになる。

米国企業に編入された企業では、これまでの部長、課長、係長という序列を重視する年功序列制は否定され、個人の能力に重きを置く成果主義や年俸制を採用する部署が増えている。また韓国人の安定した生活を保証してきた長期雇用慣行を廃止し、契約社員を増加する企業も増えている。まさに外国人投資の大幅な規制緩和措置は、年功序列や長期雇用慣行を維持してきた「韓国式」に一八〇度の方針転換を迫っているのである。

生き残るためとはいえ、こんなふうに韓国の企業や金融機関が米国資本にのみ込まれ、「韓国式」が否定されていくことに抵抗を感じている韓国人は少なくない。いくら経済が回復したといっても、韓国人の多くが解雇され、経済回復の担い手が韓国企業でなければ意味がないというわけだ。韓国人の反米感情の底流には、このような米国主導で進むグローバリゼーション＝脱「韓国」化に対する激しい反発心がある。

新しい韓米関係を求めて

しかし、実際に米国資本が韓国から撤退したらどうなるのか。二〇〇三年現在、外国人投資家は韓国株式市場時価総額の三五％を占め、その多くは米国人である。彼らは、韓米の緊張がさらに高まれば、韓国から資本を引きあげるかもしれない。そうなれば韓国経済の景気後退は一気に加速するだろう。

また、在韓米軍が撤退したらどうなるのか。核を持たない韓国は、自力では北朝鮮の核の脅威から国を守ることはできない。したがって、在韓米軍が撤退すれば、韓国のカントリー・リスクは急上昇し、外資は韓国から引きあげざるをえない。

盧武鉉《ノムヒョン》大統領が世論の反対を押し切ってイラク戦争に韓国軍を派遣し、二〇〇三年五月に米国で行われたブッシュ大統領との首脳会談で、韓米地位協定の改定問題を棚上げして両国の友好関係を演出したのは、このような懸念に配慮してのことであろう。

けれども、米国との友好関係を維持するため、大統領が地位協定の改定問題や米軍基地移転問題を棚上げし、曖昧化することは、問題を先延ばしするだけで、根本的な解決にはならない。かえって国民の支持を失い、反米感情を煽るだけだ。

国民の反米感情を鎮めようとすれば、地位協定問題をめぐってブッシュ政権との摩擦は避けられず、かといって、北の脅威から自国を守るために在韓米軍を維持しようとすれば、国民の反米感情が高まる。確かに盧政権は難しい立場に置かれている。しかし重要なことは、どちらの道を選択しても、結局は両国の緊張が高まり、韓国経済の命脈を握る米国資本が撤退する可能性が大きくなることだ。袋小路である。

とすると、盧政権が進むべき道とは何か。ひとつは長期的なビジョンであるが、米国からある程度自立した経済力をつけることである。米国人の投資家が引きあげても、ぐらつかない国に韓国を変えていかねばならない。

二つ目は、米国政府との多少の摩擦を恐れない、対等で成熟した韓米関係を構築していくことが必要だ。そのためには、不平等な地位協定の改定が重要だが、まず駐留軍の特別扱いを韓国に求めてきた米国政府と、それを許してきた韓国政府のこれまでの癒着関係を清算しなければならない。

もちろん、こうした関係を清算するのは、在韓米軍に頼ってきた最前線の防衛を韓国軍が自力で担っていく覚悟が必要だ。防衛の自立である。盧大統領自身、当選直後に在韓米軍の規模縮小を前提とした軍事計画の策定を韓国の軍幹部に指示し、韓国国防省から長期軍備増強計画が発表されている。北朝鮮の脅威に対抗するため、長距離ミサイルを調達し、スパイ衛星も導入するという。防衛の自立が韓国人の反米感情を克服する最大の良薬と盧大統領は考えているようだが、現実はそれほど甘くない。米国の核の傘の下で、経済・軍事面での対米従属関係をどこまで緩和することができるのか。国民が盧政権に突きつけた課題は余りにも重いと言わねばならない。

（二〇〇三年七月）

第8章　人質殺害で揺れる派兵問題

はじめに

二〇〇四年六月二二日、カタールの衛星テレビ局アルジャジーラは、イラクの武装グループに拉致されていた韓国人が首を切断され、殺害されたと報じた。韓国人の名は金鮮一《キムソンイル》、仕事でイラクに出張していた三十三歳の会社員である。

金さんは堪能なアラビア語を買われ、二〇〇三年六月からイラクの米軍基地に物資を納める仕事をしていたが、二〇〇四年六月一七日、ファルージャ付近でイラク人職員とトラックに乗っているところで事件に巻き込まれた。

犯行グループは「タウヒード・ワ・ジハード（統一と聖戦）」と名乗り、目隠しをされた金さんの後方で銃をかまえ、韓国政府に韓国軍のイラク撤退と追加派兵中止を求める声明文を読み上げたビデオ映像をアルジャジーラに送りつけ、世界に配信させた。そして「二〇日の日没から二四時間以内に韓国軍を撤退させなければ、韓国人男性を殺害する」と韓国政府に決断を迫ったのである。

これに対し、韓国政府は被害者の救出に全力をつくすと強調したが、「テロ集団の要求に屈したり、イラク再建支援の方針を変えることはない」とし、検討の素振りさえ見せなかった。バグダッドから約三五キロ、ファルージャ方面に向かう場所で、金鮮一さんの遺体が発見されたのは、韓国政府が救出対策要員六人をヨルダンに派遣した翌日、二二日の午後五時二〇分(韓国時間午後一〇時二〇分)である。同日夜、犯行グループから届けられたビデオテープには、残忍な金鮮一さんの殺害シーンと「我々は警告したが、韓国はそれを無視した。お前達がここにいる目的はイラクのためでなく、米国のためだ」という犯行グループのメッセージが収められていた。

与党内にも派兵反対論

金鮮一さんの殺害という最悪の事態に直面した韓国政府は翌二三日、緊急の国家安全保障会議を開き、①再発防止策の強化、②イラク在留韓国民間人の撤収、③殺害された金氏の遺体の迅速な送還など、当面の対応を決め、「追加派兵はイラクの再建と人道的支援のためであり、その基本精神に変更はない」ことを再確認する声明を発表した。

また盧武鉉大統領は、国民に向けた談話を発表。「不幸な知らせに悲しみを禁じ得ない。本人が絶叫する姿を思うと、今も胸がはりさける。罪もない民間人に危害を加えることは断じて許せない」と述べ、「反人道的な犯罪であるテロ行為を強く糾弾し、国際社会とともに断固として対処していく」ことを力説した。テロに屈せず、予定通りイラクに追加派兵することについて、国民の理解を求めたのである。

だが、金鮮一さんの殺害事件を契機に、派兵見直しを求める動きも広がりを見せている。与野党の議員五〇人が追加派兵の撤回決議案を国会に提出したのを皮切りに、市民団体による派兵反対集会が活発化するようになった。

同年六月二六日には、韓国全土一一の都市で、殺害された金鮮一さんを追悼する大規模なろうそく集会が開かれた。ソウルの光化門《クァンファムン》で開かれた「故金鮮一氏追悼大会」には、キャンドルを手にした一万五千人を超える市民が参加し、最後まで救いを求めたが叶わなかった金さんの無念の死を悼んだ。

参加者からは、韓国軍のイラクへの追加派兵に疑問を投げかける発言が相次いだ。その一人、民主労総の李秀浩《イスホ》委員長は「金鮮一さんの死を無駄にしないためにも、国民全員が立ち上がり、派兵を撤回させて戦争を終わらせよう」と訴えた。

同じ日、金鮮一さんの故郷である釜山《プサン》でも追悼集会が行われ、イラクから戻った金さんの遺体が安置された釜山医療院まで大規模な平和行進が行われた。追悼の辞を述べた「釜山市民行動」の金ヨンファン代表は「金鮮一さんの死は、韓国の若者を死地にいかせてはならないことを我々に教えてくれた」と改めて派兵に反対していくことを宣言した。

しかし、金鮮一さん殺害事件以降、韓国世論が派兵反対論一色に染まっているかといえば、そうでもない。金さんの殺害が報道された直後から、インターネットの書き込みには「追加派兵部隊の任務を平和再建支援からテロリストとの闘いに変えるべき」とか「戦闘部隊を送ってイラクの武装勢力と戦うべき」という強硬意見も数多く寄せられるようになった。

こうした意見は極端にしても、『東亜日報』が四月時点で行った世論調査では、イラク追加派兵への反対が五〇・二％で、賛成の三一・四％を上回っていたが、金さんが殺害された後に行われた世論調査では、追加派兵への賛成が五四・三％で、反対の三六・七％を上回った（『東亜日報』二〇〇四年七月四日）。殺害事件でかえって追加派兵賛成が急増した格好だ。

しかし、世論が追加派兵論に大きく傾いているともいえない。多くの世論調査から判ることは、イラクへの派兵問題をめぐって韓国世論が分裂していることである。

事件後、イラク追加派兵をめぐるマスコミの論調も割れている。保守派の新聞『中央日報』は「派兵を撤回すれば、それはテロに対する屈服である。……平和かつ安定したイラクの建設を支援するためにも、派兵を元来の計画通り進行しなければならない」（二〇〇四年六月二三日）と、平和再建論の立場から追加派兵を擁護する社説を掲載。一方、リベラル派の『ハンギョレ新聞』は「われわれがいくらイラク再建のためだと強弁しても、イラク民衆にとって、憎悪の対象である米軍を助けに来た軍隊と見ているのが現実」（二〇〇四年七月六日）と、これ以上の犠牲を出さないために追加派兵の中止を政府に促している。

イラクへの追加派兵を決定した大統領や政府の足下も揺れている。韓国政府は六月一八日、イラク南部で活動中だった約六六〇人の医療・工兵部隊に加え、イラク北部のクルド人自治区に道路建設や水道整備を担当する三千人を追加派遣することを決定したが、野党のみならず与党「開かれたウリ党」内にも、追加派兵に否定的な議員が少なくない。ウリ党の若手議員、特に市民運動出身者の中では、金鮮一さんの拉致・殺害事件を背景に高まった「反派兵」の世論を後ろ盾に、米国によるイラク戦争は平和秩序を乱す行為と非難し、追加派兵の中断を求める声が高まっている。彼らは、米国との関係を見直すと宣言して当選した盧大統領が、対米追従路線を歩むのは公約違反だと主張している。

米軍早期撤退の脅威

では、盧大統領が自らの支持基盤である反米感情の強い市民層や与党の議員グループを敵に回してまで、大規模な追加派兵に応じるのは何故だろうか。

盧大統領に苦渋の決断を促した最大の要因は、在韓米軍の削減によって現実味をおびるようになった安全保障上の脅威である。二〇〇四年六月、米国は二〇〇五年までに在韓米軍の三分の一に当たる一万二五〇〇人を削減する方針を韓国政府に伝えた。この通達に韓国は衝撃を受けた。削減規模については非公式に伝えられていたこともあり、韓国政府はある程度覚悟していたものの、二〇〇五年までという早期撤退についてはまったく事前協議がなかったからだ。

イラク情勢の悪化にともなって削減計画が早まったといわれているが、韓国政府は突然の大規模な米軍撤退に戸惑いの色を隠せない。在韓米軍の主力は、北朝鮮との軍事境界線に沿って配置されている一万四〇〇〇人の陸軍第二歩兵師団である。彼らは、朝鮮戦争後、北の脅威への抑止力として大きな役割を果たしてきた。米国は、この第二師団からイラクに増派する三六〇〇人を含めて相当数を削減する方針だ。イラク派遣組は任務終了後も韓国には戻らず米本土に帰還する。イラク派遣後の補充もないという。

半世紀にわたって、最前線の守りを米軍に任せてきた韓国としては、急展開する米軍撤退の動きについていけず、安保上の不安を隠しきれない。韓国政府は準備不足を理由に、米軍削減後の補完体制が整うまで計画の実施を遅らせることを要請しているが、米国は今までのところ韓国側の要請に応じる気配を見せていない。

それにしても、北朝鮮の核問題が緊迫している今、なぜ米国は在韓米軍を削減しようとするのか。米国は、今回の在韓米軍の削減措置はあくまで世界で進める米軍再編の一環であり、先端兵器の活用によって戦力の低下はカバーできると説明する。再編は、国際的な安保環境や地域情勢の変化にともなって、兵力の数や配置場所を大幅に変えようというものだ。在韓米軍の撤退は、共産主義の脅威がなくなったドイツの駐留米軍を大幅に削減して旧東欧諸国や中央アジアに移動させたり、イラクの脅威がなくなったサウジアラビアから駐留米軍を撤退し、中東の拠点をカタールに移したりしたのと同じ文脈で理解されるというのだ。

だが、朝鮮半島で北朝鮮の脅威がなくなったわけではない。にもかかわらず、米国が韓国から米軍を撤退させるのは、国民の反米感情を後ろ盾に対米自立路線を打ち出そうとする盧政権にお灸をすえるためではないかという米国人識者の指摘もある（R・ハロラン「韓国との同盟関係に不信を抱く米国」『中央日報』六月九日）。その真偽はともかく、盧大統領の「自主国防宣言」（二〇〇三年八月）や、駐留米軍に対する韓国民の反発が、米国の韓国に対する不信感を増幅させ、今回の削減計画に影響を与えていることは間違いない。

米国は、米軍再編を行うにあたって、必要な場所に必要な兵力をいかに迅速に投入できるかという機動力に加え、米軍が駐留先の国民からどれだけ歓迎されているかという政治状況も、重要な判断基準であると明言してきた。こうした判断基準にたつ限り、半世紀近く固定的に駐留し、韓国国民の反発の強い在韓米軍が削減の対象になるのも当然というわけだ。米国のラムズフェルド国防長官は「歓迎されない場所に駐屯する考えはない」と何度も公言してきたが、米国もまた韓国と冷えきった同盟関係を維持することに疑問を感じ始めているのである。

追加派兵に応じた本当の理由

「自主国防」を宣言した盧大統領にとって、米軍撤退は自ら蒔いた種といえるが、これほど早く米軍の大幅削減案が実施されることをまったく想定していなかったのは誤算だった。盧大統領としては、安保脅威を軽減するため、なんとか米軍撤退後の補完体制が整うまで米軍に踏みとどまってもらうしかない。盧大統領が、自らの支持勢力の反発に理解を示しながらも、米英に次ぐ大規模なイラク派兵に応じたのは、イラクの民主化のためでもなく、国際社会との約束でもない。ひとえに米国からの信頼を回復し、冷えきった韓米関係を修復するためである。

世論の六割がイラクへの追加派兵を支持したのも、安全保障面で韓国が米国から見捨てられることを、多くの国民が恐れたためであると考えられる。韓国の太陽政策によって南北の和解が進み、北朝鮮を敵国としてイメージすることがなくなったとはいえ、韓国が米国の核の傘の下にとどまることを望んでいる国民は少なくないからだ（李淑鍾《イスクチョン》「韓米同盟の次の青写真が求められている」『中央公論』二〇〇三年六月号）。彼らは、米国との同盟関係がこのまま崩れていくと、韓国のカントリーリスクが高まり、外国資本が韓国から撤退することを何よりも恐れている。米国と同盟関係を維持していくことは安全保障面だけでなく、韓国経済の安定にとって不可欠というのが、韓国における保守グループの一致した考えだ。在韓米軍の削減によって煽られた経済不安心理も、大統領の苦渋の決断を後押ししているといえるだろう。

韓国がイラクへの追加派兵に応じざるをえない理由はそれだけではない。六者協議の場で米朝の仲介役として何としても成果を出さねばならない韓国としては、北朝鮮のみならず米国からも譲歩を引き出さなければならない。そのためには、良好な韓米関係を演出していく必要がある。韓国にとって、六者協議の破綻は、朝鮮半島の危機に直結する最悪のシナリオであるからだ。

事実、二〇〇四年六月に開催された三回目の六者協議では、米朝両国が核凍結と見返りの具体案を示したことで一定の前進が見られたが、こうした米朝歩みよりの背景には仲介役である韓国の懸命な外交努力があったと言われている。

同年二月に第二回六者協議が開催された後、米朝間の主張の隔たりを埋めるため、韓国は独自の解決案を作成した。その内容は①まず北朝鮮が核を放棄する意思を表明し、五カ国は北朝鮮に安全の保証を与える用意があると表明する、②次に北朝鮮が核放棄を前提にした核凍結に着手し、国際原子力機関（IAEA）などの査察を受け、中韓ロはその見返りとして北朝鮮に重油などのエネルギー支援を行う、③最終段階で北朝鮮が完全な核放棄を終えると同時に、五カ国が北朝鮮の安全を文章で保証し、米国は北朝鮮をテロ支援国家のリストから外すというものである。

韓国外交の成果と限界

その後、韓国は南北対話を通じて北朝鮮にこの解決案を示しながら譲歩を迫る一方、米国にも解決に向けた具体策を示すよう説得を続けてきた。韓国は、米朝の対立を解くには、米国の理解を得ながら、北朝鮮に核凍結で期待できる「見返り」を示すことで譲歩を促していくのが、最も実効性のある方法だと考えたのである。

二〇〇四年六月の六者協議で、米国は北朝鮮の核凍結に対する「見返り」に初めて言及し、長期的には制裁解除などを話し合う米朝協議を行う可能性も示唆した。これまで開催された六者協議では、なかなか具体的な妥協案を出そうとしない米国に対し、他の参加国から不満の声さえ聞こえ始めていただけに、米国の柔軟姿勢がきわだった協議となった。北朝鮮も協議の場で「平和条約の締結」などの要求は控え、「テロ指定国家」や「経済制裁」の解除を要求し、米国提案と歩調を合わせる姿勢を示した。

六者協議終了後、韓国の李秀赫《イスヒョク》・外交通商次官補は「米国の譲歩は韓米の緊密な協議の結果である」と語り、「北朝鮮の変化も南北交流の果実」と、韓国外交の成果を内外にアピールした。だが、同時に「重大な部分では依然として米朝の意見の相違があり、今後も深刻な対立が予想される」と語り、楽観視できない米朝関係の将来に不安をにじませた。

確かに、今回の六者協議では幾つかの進展はあったが、核凍結の範囲や査察の方法など米朝の対立点も浮き彫りになった。今後の六者協議では、こうした米朝の対立を克服するために、周辺国による米朝歩み寄りの環境醸成がさらに重要になってくる。しかし、反米感情の強い国民と北朝鮮への融和政策に批判的な保守層を抱える韓国が、米朝両国とこれまで以上の信頼関係を保ち続けるのは容易ではない。

韓国政府は、人質殺害事件を契機に高まったテロ対抗論を追い風にして、二〇〇四年八月から予定通りイラクに三千人の兵士を追加派兵する方針だ。だが、イラク戦争の大義も薄れ、暫定政権設立後の秩序回復も進んでいない。イラクの抵抗勢力の攻撃は激しさを増す一方だ。世界三位の大派兵国になる韓国人兵士らに対する攻撃や国内テロの危険性も高まるだろう。増幅する韓国社会の葛藤が、六者協議での韓米協調体制の障害にならないことを祈るばかりだ。

（二〇〇四年九月）

第9章　韓国人はなぜ「親日派」究明にこだわるのか

はじめに

二〇〇四年、紆余曲折を経て韓国の国会で可決された一つの法律が、日本のマスコミの関心を集めている。その法律とは「日帝強占下親日反民族行為真相究明に関する特別法」で、略称では「親日真相究明法」と呼ばれている。要するに「日本統治時代に暗躍した親日派を捜し出し、彼らが何をしたのか」、その真相を明らかにしようというものである。

だが、この法律、日本での評判はよくない。日本人がこの法律に違和感をもつのは何故か。『親日』が今なお反逆と悪の代名詞になっていることは、普通の日本人はとうてい想像できない」（黒田勝弘「『日帝強占下親日反民族行為真相糾明』に燃える韓国」『諸君！』二〇〇四年一一月号）ためか。それとも、日本の支配が終わって六〇年もたつのに、「なぜ、いまさらなのか」（若宮啓文「日韓の複雑　冬ソナとホタルを結ぶもの」『朝日新聞』二〇〇四年九月二六日）という思いが強いためだろうか。

「親日派」とは

日本人が肯定的に使用する「親日」という表現が、この法律では否定的な響きをもっていることも、この法律が日本人に理解されにくい理由かもしれない。日本語で「親日」という言葉は、一般的に「日本に好意をもつ」とか「日本に友好的」というような肯定的意味合いで使われるので、日本人がこの法律の趣旨を誤解する可能性もある。名前だけを見ると、「日本統治期に日本に友好的だった朝鮮人を捜し出し、彼らの反民族的な行為を明らかにする」という印象を受けるからだ。

だが、この法律は、単に「日本に友好的だった植民地期の朝鮮人」を問題視している訳ではない。また「当時、日本に友好的であることが反民族的な行為であった」といっている訳でもない。この法律の真意を理解するためには、韓国において「親日」という言葉がもつ特殊な意味合いや、その歴史的背景を理解しておく必要がある。

韓国語の「親日派《チニルパ》」は、日本語の「親日家」とは異なり「日本の朝鮮支配に協力した人物やグループ」を指す言葉である。もっと具体的にいえば「植民地時代の朝鮮人官僚、警察官、それに日本人の庇護のもとで富を築いた朝鮮人地主、企業経営者」、あるいは「大日本帝国の尻馬に乗り……朝鮮の青年たちを戦争へ駆り立てる役を買って出た知識人」（李景珉《リキョンミン》『朝鮮現代史の岐路』平凡社、一九九六年）など、当時の「対日協力者」を韓国人は「親日派」と呼ぶのである。

したがって「ある人物が親日派か否か」という判断基準は、日本に友好的であったかどうかということよりも日本人と結びついて反民族的な行為を行ったかどうかという点に重点が置かれている。

では「親日派」が日帝時代に行った反民族的な行為とは、具体的にどのようなものだったのか。

反民族行為とは

朝鮮半島で最初に「親日派」が誕生したのは、一九〇五年の乙巳保護条約（第二次日韓協約）から日韓併合までの時期である。保護条約締結後、韓国は日本の保護国に転落するが、保護条約に賛同した学部大臣の李完用《イワンヨン》などの親日グループは、一進会などの「親日団体」を結成して、日韓の合併を求める運動を積極的に展開し、朝鮮の植民地化に貢献した。一九一〇年、併合条約が締結されると、彼らにはその功績が認められて爵位や恩賜金が与えられた。

「親日派」が政治団体としてその勢力を拡大していったのは、一九一九年の三・一運動の敗北から朝鮮人の手で独立を実現することが徐々に困難視されるようになってからである。独立への希望は捨てきれないものの、現在の朝鮮には独立する力はないと考えた「親日派」のグループは、植民地支配を容認する一方で、朝鮮議会を設けて民族としての要求を反映させる活動に取り組むなど、民族自決権を確保する運動を展開した。他方、独立が不可能であると考えた「親日派」のグループは、同化を受け入れ、参政権など日本国民としての権利を要求していくようになった。

また三・一運動の敗北は、民族運動の担い手から「親日派」への転向者も生み出した。日本留学中に二・八独立宣言を起草した民族主義者の李光洙《イグァンス》は、その代表的な人物である。彼は一九二一年に上海から帰国後、翌年「民族改造論」を発表し、独立運動の事実上の放棄を提唱した。その後、李は「親日」文学者が集まった朝鮮文人協会会長に就任した。創氏改名に応じて香山光郎と名乗るようになってからは、積極的に対日協力を呼びかける論説を発表した。

一九三七年に日中戦争が勃発して、朝鮮人を戦争に動員するために皇民化政策が実施されると、朝鮮人に対する思想統制が強化された。この結果、朝鮮人の民族運動は封じられ、民族運動を担ってきた社会的指導層の中からも「親日派」に転向する者が増加する。彼らは学生、青年たちに学徒兵への応募を奨励し、戦争協力を呼びかけたのである。

未完に終わった「親日派」究明

こうした「親日派」の責任を明らかにしようという国民運動は、盧武鉉《ノムヒョン》政権になってから高まったわけではない。実は、初代大統領の李承晩《イスンマン》政権の時代にも、国会で「親日派」の責任を追及しようという動きはあった。

李承晩と政治的に敵対した金日成《キムイルソン》が指導者になった解放後の北朝鮮では、日本統治下で地方議員を務めた朝鮮人、総督府や道の責任者、警察、検事局、裁判所の責任者などを務めた朝鮮人、あるいは「親日」団体の指導者として日本の支配に協力した朝鮮人は、すべて「親日分子」と見なされ、徹底的に粛清された。彼らは公的職務から追放され、地方人民委員会の選挙でも選挙権を剥奪され、二度と社会的に復権できない立場に追い込まれた。

一方、韓国では一九四八年五月に実施された最初の国会議員選挙で「親日派」がかなり当選し、李承晩政権の政策スタッフにも植民地時代に官吏を務めた朝鮮人が数多く登用された。李承晩大統領は、「親日派」かどうかよりも、植民地時代に磨かれた彼らの行政手腕を優先したのである。

だが、「親日派」の復権に民族派の国会議員たちが反発し、李承晩政権は民族派議員を支持する世論の批判を無視できず、同年九月「反民族行為処罰法」を制定する。同法は、日韓併合条約締結に協力した者や、独立運動を担った人々を殺傷、迫害した者を死刑または無期懲役、独立運動を妨害する組織に関与した者、宗教・社会分野で反民族行為を行った者を一〇年以上の懲役または一五年以上の公民権停止処分にするという厳しいものであった。

しかし、「親日派」の反民族行為を究明するために設置された「反民族行為特別調査委員会（親日派調査委員会）」のメンバーが何者かに襲撃されたり、「北のスパイ」容疑で検挙されるなど、「親日派」勢力の妨害工作が進む中で、一九四九年八月「親日派調査委員会」は解散を余儀なくされる。この間、逮捕された者は三〇五名に上ったものの、有罪判決を受けた者はわずかに一二名。しかも、そのほとんどが処罰されないまま、「反民族行為処罰法」も廃止されてしまう。日本統治時代の対日協力者を粛清しようという国民運動は「親日派」グループの激しい抵抗によって、未完のまま頓挫してしまったのである。

民主化で再燃した「親日派」追及

韓国で「親日派」の責任を追及しようという声が再び上がるのは、それから四〇年近く経ってからである。一九八七年の「民主化宣言」以降、韓国では民主化が進展し、長らく言論統制下で事実上禁じられてきた「親日派」の研究も容認され、大学の歴史講座でも「親日派」研究が盛んに行われるようになった。

一九九〇年代に入ると、歴史研究者から「親日派」の真相究明が叫ばれる中、数多くの「親日派」に関する研究書が出版された。林鍾国《イムジョングク》『実録　親日派』(トルペゲ社、一九九一年)、歴史問題研究所編『人物で見る親日派の歴史』(歴史批評社、一九九三年)、反民族問題研究所『親日派九十九人――主要人物の親日履歴書①―③』(トルペゲ社、一九九三年)、同『清算できない歴史――現代韓国史を動かした親日派六十人①―③』(青年社、一九九四年)、金三雄《キムサムン》『親日派の百人百問』(トルペゲ社、一九九五年)などがその代表的な書物である。

いずれも、日本統治下における「親日派」の正体と、彼らが行った反民族行為の実像に迫っているが、こうした書物が問題にしているのは植民地時代の話だけではない。その多くは、むしろ「親日派」勢力が解放後は親米派に姿を変えて権力の中枢に居座り、植民地時代の民族解放闘争の流れをくんだ民主化運動を弾圧してきたことを問題視しているともいえる。

例えば、先に紹介した林鍾国の研究によれば、李承晩政権下の第一共和国(一九四八―六〇年)における「親日派」該当者は、国務総理経験者九六名中三〇名、内務部長官経験者一九名中八名、財務部長官経験者八名中四名、法務部長官経験者九名中五名、国防部長官経験者七名中二名に上っている。また李承晩時代の司法部でも、一九名を数える大法院長ならびに大法官のうち、実に一三名が「親日派」該当者であると、林鐘国は指摘する。

権力機構における「親日派」の登用はその後も継承され、朴正熙《パクチョンヒ》大統領（一九六三―七九年）の時代まで続くことになる。こうして解放後も権力機構に生き残った「親日派」勢力が「反共主義」を掲げて軍部と結びつき、独立運動を継承する「左派」グループの民主化運動を抑圧してきたことを、「親日派」研究は訴えたかったのである。

「親日真相究明法」が与野党一致で可決された理由

「独立闘士とその子孫は解放後も貧しく、親日の先頭に立った人達は指導層として権威を振るい、愛国者とその子孫を迫害してきた。……今も親日の残滓が清算されず、歴史の真実さえ明らかにできていない。歪曲された歴史を正さなければならない。」

二〇〇四年八月一五日の独立記念日に盧武鉉大統領が演説で述べたこの言葉は、改めて「親日派」の問題が決して過去の問題でないことを内外に印象づけた。過去の政権が「親日派」と結びついてきたことを知る人々は、この大統領の発言に共感する。

「親日反民族真相究明市民連帯」の共同代表を務める歴史学者の姜萬吉《カンマンギル》もその一人だ。彼は「親日派による反民族行為の清算は、盧武鉉大統領になって初めて可能になった」と言う。

李承晩は日本統治期に生み出された「親日派」を温存・利用してきたし、朴正熙大統領は自らが「親日派」であり、金泳三《キムヨンサム》政権や金大中《キムデジュン》政権さえ「親日派」勢力を党内に抱えた保守派との談合で成立していたからである。親日派勢力にしがらみがない盧武鉉政権だからこそ、この法案を成立させることができたと、姜氏は指摘する。

とはいえ、二〇〇四年三月に可決された「親日真相究明法」（以下、「親日究明法」と略す）は、大統領の支持基盤である与党が単独で成立させたものではない。同法は出席議員一六三名中一五一名の圧倒的多数で、ほぼ与野党賛同の形で可決された。なぜ「親日派」人脈を党内に抱えるハンナラ党はこの法案に賛同したのだろうか。

ハンナラ党がこの法案に賛同した理由は二つある。一つは、「親日究明」に世論の六割が賛成していることだ。この状況で法案に反対すれば、ハンナラ党への反発が強まって、支持率を大幅に下げる可能性がある。もう一つの理由は、法案の中身にある。二〇〇四年三月に提示された「親日究明法」では、「親日」該当者は「徴用や慰安婦動員に手を貸した判事や検事、中佐以上の軍人、警察や憲兵幹部」などと定められている。一九四八年の「反民族行為処罰法」よりも「親日」対象者の範囲が大幅に狭められた格好だ。ハンナラ党は、この程度の内容なら影響は少ないと判断し、総選挙を前に与野党が妥協して生まれた修正案に同意したのである。

だが、二〇〇四年四月の総選挙で大統領の新たな支持基盤である「開かれたウリ党」が勝利を収めると、状況は一変する。同党が「親日究明法」の内容が手ぬるいとして、同年七月「親日派」の対象範囲を大幅に広げる改正法案を国会に提出したのである。

ウリ党が提出した改正案では、「親日派」に該当する軍人の範囲を「中佐以上」から「少尉以上」に拡大するとともに、これまで対象から除外されていた言論・芸術・教育関係者も「親日派」に含まれる。日本統治時代に旧日本軍の中尉だった朴正熙元大統領や、メディアを通じて日本の侵略戦争に協力した『朝鮮日報』や『東亜日報』の創業者たちも「親日派」に該当するというわけだ。また改正案では、調査委員会の活動期間を三年から五年に延長し、調査に応じない調査対象者には同行命令状の発行を認めるなど、調査委員会の権限を大幅に強化させる内容になっている。

ウリ党は「親日究明法」を強化し、植民地時代だけでなく、解放後の民主化を弾圧してきた朴正熙元大統領やその後の軍事政権の責任を明白にすることで、その流れをくむハンナラ党にも打撃を与えようと考えたに違いない。

だが、メディアによる「親日派」暴きの矛先は、皮肉なことに与党に向けられることになる。二〇〇四年八月、『東亜日報』系の月刊誌『新東亜』が与党ウリ党の辛基南《シンキナム》議長の父親は旧日本軍の憲兵伍長だったという暴露記事を掲載した。辛議長は道義的責任をとって党職辞任に追い込まれた。ハンナラ党に打撃を与えると考えられてきた「親日究明法」が、逆に政権与党の足下を揺るがしたのである。

さらに同年九月、国会審議に入る直前になって、法案改正に反対してきたハンナラ党が「親日派」調査対象者の拡大を認め、審査方法の中立性を求める独自の改正法案を提出した。ハンナラ党が示した改正案では、すべての憲兵を調査対象にするなどウリ党案が示した「親日派」の範囲をさらに拡大させるものになっており、どこまでを「親日派」と見なすかで与野党の見解は対立した。また「親日派」調査機関を大統領の直属機関にするか（ウリ党）、それとも民間の独立機関にするか（ハンナラ党）でも与野党の見解はまとまらず、予定されていた九月の「親日究明法」施行は見送られることになった。

「親日究明法」の真意

「親日究明法」をめぐる国会論議は、まだまだ続きそうな気配である。日本人から見れば、今頃になって日本統治時代の「親日派」究明に熱中する韓国人の姿は、異様に映るかもしれない。確かに「親日究明法」が可決されてから、インターネット上でも「親日派」に関する情報が飛びかっている。その中には「親日派を親にもつ政治家」一覧というホームページもある。親の親日行為の責任を子に背負わせるのは明らかに行き過ぎであり、「親日究明法」が人権侵害を誘発しているという批判も聞かれる。

だが、「親日究明法」は「親日派」に「民族の裏切り者」のレッテルをはり、彼らを処罰しようとするものではない。また「親日究明法」を与党による野党やマスコミ攻撃の手段と考えるのも浅薄な見方だ。「親日究明法」の真意は「国民が負の歴史を自ら省み、過ちがどこにあったのか学ぶ」（姜萬吉『毎日新聞』二〇〇四年九月一四日）ところにある。韓国人にとって「親日」は民族の歴史を取り戻すために、どうしても越えなければならない歴史の壁なのである。

（二〇〇四年一二月）

第10章　泥沼の日韓関係をどう修復するか

はじめに

島根県議会での「竹島の日」条例成立や教科書検定問題をめぐって、韓国の対日批判が高まっている。二〇〇五年三月一七日、韓国政府は対日政策の新原則を発表した。日本の最近の対応について「隣国と共存する意思があるのか根本的に疑問」であるとし、日本が過去の植民地政策を正当化しようとする動きには「断固対処していく」という激しいものだ。

続く二三日に発表された盧武鉉《ノムヒョン》大統領の談話はさらに強烈だった。「日本が侵略と支配の歴史を正当化し、再び覇権主義を貫徹しようとする意図をこれ以上見過ごすわけにはいかなくなった。……外交的に断固たる対応をとる。」

これほど痛烈な日本批判を行った韓国の大統領がいただろうか。思い浮かぶとすれば、一九五〇年代に強烈な反日政策を展開した初代大統領の李承晩《イスンマン》ぐらいかもしれない。

こうした反応は、「任期中は歴史問題を争点にしない」としていた盧大統領の対日政策を明らかに転換させるものだ。盧大統領は二〇〇四年の小泉首相との会談でも、未来志向の日韓関係を維持するため、歴史問題は決して提起しないと語っていたが、何が大統領の決意を翻意させたのか。

植民地支配を彷彿とさせる「竹島の日」

今回の騒動のきっかけになったのは、島根県の「竹島の日」条例成立を受けて再燃した竹島の領有権問題である。竹島が日本固有の領土であるという見解は、日本政府によって繰り返し主張されてきたもので、「なぜ韓国が今になって、あれほどむきになるのかわからない」というのが日本の政治家の正直な思いかもしれない。

しかし、韓国人にとって、日本人が竹島の領有権を主張することと、島根県が二〇〇五年に「竹島の日」の条例を制定したこととは根本的に意味が違う。

竹島が島根県に編入されたのは、日本が韓国を保護国にする準備を進めていた最中の一九〇五年二月二二日。日韓併合条約が結ばれたのは一九一〇年であるが、多くの韓国人は竹島が日本に編入されたこの日を「日本による韓国併合への第一歩」と認識している。保護条約（第二次日韓協約）締結から一〇〇年を迎える象徴的な年に、島根県が改めて「竹島の日」の条例を定めた、それを黙認した日本政府の態度は、かつての植民地支配を正当化する行為に他ならないというのが、韓国側の共通した認識である。

大統領の対日批判は国内向けか

こうした歴史認識をもたない日本の政治家や、韓国側の反発に批判的なマスコミの報道のなかには、韓国政府や盧大統領の対日批判は国内向けのパフォーマンスではないかといぶかる声もある。実際はどうなのか。

確かに、就任三年目を迎えた盧大統領を取り巻く環境は厳しい。経済不況が続く中、支持基盤である若年層の失業率は八%を超え、改革の柱として推進しようとした首都移転などの目玉事業も頓挫し、当初六〇%近くあった支持率は一時二〇%台まで落ち込んだ（『朝鮮日報』調査）。こうした状況の中で、盧大統領が対日批判を行うことで、竹島・教科書問題で鬱積した反日感情をすくい上げ、支持率回復に繋げようとしてもおかしくない。

だが、教科書問題をめぐって反日ナショナリズムをヒートアップさせる中国と違って、韓国のマスコミや国民の大部分は今回の竹島・教科書問題については驚くほど冷静な反応を見せている。島根県における「竹島の日」制定を受けて、韓国では一部のゴルフ場に「日本人お断り」の掲示が張られたというニュースが報じられたが、大手新聞は「日本人全員が歴史の歪曲に荷担しているわけではない」という社説を掲載し、国民に冷静な対応を呼び掛けている（『東亜日報』二〇〇五年三月一七日）。また盧大統領の対日批判についても有力紙が「大統領の言葉遣いが日本を刺激し、反日感情に油を注ぐ」（『中央日報』二〇〇五年三月二四日）と社説で警告し、エスカレートする大統領の発言に自制を求めている。

韓国の国民も、一部の過激派を除いて中国のように過激な行動をとる者はほとんどいない。日本のテレビでは、ソウルの日本大使館前で「竹島の日」条例案の可決に抗議する人々の激しい抗議活動や、日本の教科書検定に反対する元軍人らが大使館に向かって火薬を投げ、機動隊ともみあう光景を連日報道しているが、そうしたデモに参加する市民の数はわずかである。むしろ、国民の多くは、竹島・教科書問題がねじれて日韓関係が悪化し、活発化した日韓の文化・経済交流に悪影響が出ることを案じているように見える。

こうして見ると、今回の盧大統領の対日批判は、国民の反日感情をすくい上げるための「国内向け」パフォーマンスというよりも、むしろ国際世論を視野に入れながら、日本政府に向けられたものと考えたほうがよい。

盧大統領演説の真意

盧大統領が対日政策の変更を決意したのはいつ頃からだろうか。韓国政府が対日「新原則」を発表する少し前の三月一日、「三・一独立運動」の八六周年記念で盧大統領は次のような演説を行った。

「私はこれまでの両国（日韓）関係の進展を尊重し、過去の歴史問題を外交的な争点にしないと公言したことがあります。そして今もその考えは変わっていません。過去の歴史問題が提起される度に交流と協力の関係がまた止まって両国間の葛藤が高まることは、未来のために助けにならないと考えたからです。」

演説文を読む限り、この時点まで、大統領は歴史問題を外交的な争点にするつもりはなかったことがわかる。しかし、演説文の後半には、以下のような日本政府への注文が盛り込まれ、日本側にも過去の克服に向けた努力が必要であると大統領は釘を刺している。

「(過去の歴史問題は)我々の一方的な努力だけで解決されることではありません。二つの国の関係発展には、日本政府と国民の真摯な努力が必要です。過去の真実を究明して心から謝罪し、賠償することがあれば賠償し、そして和解しなければなりません。……私は拉致問題による日本国民の憤怒を十分に理解できます。同様に日本も立場を替えて考えてみなければなりません。日帝三六年間、強制徴用から従軍慰安婦問題に至るまで、数千、数万倍の苦痛を受けた我々国民の憤怒を理解しなければなりません。日本の知性にもう一度訴えます。真実なる自己反省の土台の上に日韓間の感情的なしこりを取り除き、傷口が癒えるように、先立ってくれなければなりません。」

この部分を読んだ日本人の中には、「日韓条約で両国の請求権問題は解決済みとされているのに、なぜいま『賠償』なのか」(『毎日新聞』二〇〇五年三月三日社説)と戸惑いを感じたり、「植民地支配という歴史と北朝鮮による拉致は同じ次元の問題ではない」(『朝日新聞』二〇〇五年三月二日社説)と、反発を感じる人も少なくなかったろう。また大統領の演説は抽象的でわかりにくいという人もいる。

しかし、大統領がここで一番言いたかったことは、歴史問題の解決には双方の努力が必要であるということだ。日韓どちらか一方が努力を怠っても、歴史問題は解決できない。大統領は、閣僚による妄言、韓国人を刺激するような自治体条例の制定、過去を正当化する教科書、首相の靖国参拝などの政治課題に、日本側がもう少しうまく対処してくれないと困るということを、小泉政権に本気で伝えたかったのである。

過去克服に努力を重ねてきた韓国

もちろん、盧大統領は歴史問題解決の責任を日本だけに求めようとしているわけではない。この間、韓国政府も歴史問題の解決に向けて取り組んできた。

二〇〇四年一二月に成立した「反民族行為真相究明特別法」も、そうした「過去見直し」作業の一つだ。植民地時代に行われた朝鮮人の対日協力行為について洗い直し作業を行うこの法律の真意は、日韓併合や植民地支配の責任を当時の日本に求めるだけでなく、植民地支配を許した韓国側の責任をも追及しようとするものである。法律名は当初「親日・反民族行為真相究明特別法」だったが、「親日」という言葉は日本側に不快感を与える可能性があるとして、採択前に法律名から外されることになった。ここにも、日韓関係への悪影響は回避したいという韓国側の気遣いが感じられる。

また韓国政府は、二〇〇五年に入って、日韓条約交渉関連文書の公開に踏み切った。財産請求権などを定めた外交文書から、韓国側が個人補償など八項目の対日請求を放棄する見返りに、日本から経済協力金を獲得し、個人補償については韓国政府自身が行う考えを示していたことが再確認された。これによって、植民地時代に日本に徴用、徴兵された韓国人やその遺族などの個人への補償義務については、韓国政府が負うことが改めて明確になった。

九〇年代以降、韓国人の植民地被害者による日本政府を相手取った訴訟が頻発しているが、今回の関連文書の公開は、徴用・徴兵の被害者や遺族らの責任追及の矛先を日本政府ではなく、あえて韓国政府に向けさせようとしたものだ。六五年の日韓請求権協定には戦後処理の在り方をめぐってさまざまな問題があるが、韓国政府はこうした問題処理を引き受けることで、過去をめぐる日韓の紛争問題に自ら区切りをつけようとする強い姿勢を日本側にアピールしたかったのではないかと思われる。

韓国政府は過去の克服に向けてこうした努力を続けてきたが、一方の日本政府はどうだろうか。残念ながら、韓国側には日本側の取り組みが見えにくい。日本政府は「過去を直視し、反省すべきは反省しつつ、和解に基づいた未来志向的な日韓関係を発展させる強い決意を持っている」(町村外相談話、三月一七日)と口では言うが、相変わらず日本の閣僚からは韓国人の神経を逆なでする妄言が絶えない。また、竹島や教科書問題に対する日本の対応を見る限り、多くの韓国人には日本政府が自ら進んで歴史問題を解決しようとする誠意が感じられない。

摩擦をあおる日本政府の対応

むしろ韓国側では、「竹島の日」の条例制定も、韓国人が批判する歴史・公民教科書の検定合格も、日本政府介入の結果という見方が一般的だ。竹島問題に関して、日本人が竹島の領有権を主張するのは仕方がないにしても、なぜ日本政府は島根県が日韓外交を揺るがす可能性をもつ条例を制定することを黙認したのか、多くの韓国人は理解できない。日本政府は「条例制定は県議会の独自の判断によるもので、自治体の問題に政府は介入できない」と言うが、本当にそうなのか。九九年、橋本高知県知事が外国船舶の高知入港に際し核兵器の非搭載を求める「非核港湾条例」を提案したとき、政府は「安保・外交は政府の専権事項」という理由で、高知県の条例制定に猛反発したことがある。なぜ今回は静観したのか（酒井啓子「新聞時評　内政と国際政治の関連づけが肝要」『毎日新聞』二〇〇五年四月五日）。高知県と島根県に対する日本政府の矛盾した対応を見ると、韓国政府が日本政府の対応に不信感を持っても仕方がないのではないか。

教科書検定問題についてはどうか。新しい教科書を見た韓国政府は、問題視してきた計四五項目のうち八項目が改善されたことについては評価したが、懸案となっている竹島の領有権に関する記述が一部の教科書に登場したことに強い衝撃を受けたという。しかも申請の時点で「韓国とわが国で領有権をめぐって対立している」（扶桑社『公民』教科書）となっていた記述が、文部科学省からクレームがついた結果、「わが国固有の領土であるが、韓国が不法占拠している」という表現に修正されたことが判明した。

四月七日、パキスタンで行われた日韓外相会談において、韓国の潘《パン》外交通商相は町村外相に対し、竹島の領有権に関する記述が一部の教科書に入ったことについて「日本政府の意図で改悪された」と述べ、竹島関連の記述を教科書から削除するように要求した。しかし町村外相の答えは驚くべきものだった。

「教科書の個別の記述に、文科省が削除修正を求めることはできない。」

教科書の記述について文科省が修正要求できないなら、なぜ扶桑社教科書の竹島に関する記述は修正されたのか。文科省は「あくまでも（出版社側の）自主的な判断」であることを強調するが、文科省の意見が教科書の表現修正に大きな影響を与えていることは否定できない。

八二年、日韓・日中間で外交問題化した教科書問題を収束するために設けられた近隣諸国条項は、「教科書における日本とアジア諸国との関係の記述については近隣諸国の意向に十分に配慮する」ことを決めたものである。近隣諸国条項が現在も生きているなら、検定修正に韓国や中国の意向が反映されるのが当然だが、今回の竹島問題については文科省の検定を通じてかえって日韓摩擦を煽るような記述に修正されている。これでは、近隣諸国条項が無視されたと韓国側に批判されても言い訳できない。教科書問題をめぐる日韓、日中の紛争を回避するためには、やはり現在の検定制度と近隣諸国条項の在り方を改めて問い直す必要があるのではないだろうか。

日韓関係を成熟化させる好機

泥沼の日韓関係に修復の道は残されているのだろうか。まず、竹島問題をめぐって日韓関係が悪化した経緯をたどっていくと、両国の政治家、特に日本の政治家に、紛争を回避するための事前交渉や外交努力が不足しているという印象を受ける。

そもそも島根県議会が「竹島の日」を制定したのは、竹島問題について真剣に考えようとしない国に対する地元住民の不満を吸い上げたものだ。九九年、日韓の間では新しい漁業協定が発効し、領土問題は棚上げされた。竹島周辺の山陰沖はどちらの排他的経済水域にも属さず、日韓共同管理の暫定水域として設定されたのである。この時点では、どちらの国の漁民も自由に操業できるようになったはずだった。だが、韓国側が軍隊を常駐させ竹島支配を強化した結果、日本の漁船は近づけず、満足に操業できないという悲惨な状態が続いてきた。漁業が唯一の産業なのに竹島周辺の豊富な水産資源を十分に利用できない地元の漁業協会は国に何度も陳情したが、国の対応は「波風を立てないでほしい」の一点張りだったという（『毎日新聞』二〇〇五年三月一〇日）。

もし日本政府が漁民たちの声に耳を傾け、竹島の漁業問題を改善する方向で韓国側と交渉し、何らかの打開策を提示していれば、島根県議会も「竹島の日」制定にこだわる必要はなかったかもしれない。波風を立てたくないという消極的な対応がかえって事態を悪化させてしまったことを、日本政府は自戒する必要がある。

竹島、教科書問題をめぐる今回の紛争は、むしろ日韓関係を成熟化させる好機ではないかと私は考える。日本で韓流ブームが起きているといっても、所詮、過去の問題を棚上げした日韓交流には限界がある。日本が過去を反省するとしながらも、一方で、過去を正当化する歴史教科書を公認し、首相が戦犯をまつる靖国神社に参拝するたびに、日韓関係がこじれ交流が中断するからだ。これを機に、今後どうすれば教科書問題の再燃を防ぐことができるか、またどうすれば竹島の漁業問題を解決できるかなどの諸課題について、両国の政治家や官僚さらに国民が知恵をしぼり、合意形成への回路を切り開くことが重要だ。

(二〇〇五年六月)

第II部　北朝鮮を見る眼

第11章　北朝鮮はそれほど危険な国なのか

はじめに

新ガイドライン（日米防衛協力のための指針）関連法案が、自民、自由、公明三党の賛成多数で可決された。野党はこの法案が世論の支持を得ないまま、国民の反対を押し切って強行採決されたというが、本当にそうだろうか。

一九九九年三月、朝日新聞社が実施した世論調査によると、約六割の日本人が、日本の平和が脅かされる「周辺事態」が近いうちに起こるのではないかと不安に感じているという。この調査結果を見る限り、新ガイドライン関連法は、「周辺事態」への脅威を実感する一定層の国民感情を媒介に成立したという見方もできる。

では、日本人は、どの国からの攻撃に対して脅威を感じているのだろうか。また「周辺事態」というものを、どのようにイメージしているのか。周辺事態法第一条では、「周辺事態」を「我が国周辺の地域における我が国の平和及び安全に重要な影響を与える事態」と定義しているが、「周辺地域」の地理的範囲については曖昧である。しかし先の世論調査では、「もしそうした事態が起こるとすればどの地域か」という問いに対し、約七割の人が「朝鮮半島の紛争や混乱」を挙げている。

どうやら地下核施設疑惑、「テポドン発射」、不審船事件など、日本のマスコミで繰り返し報道された北朝鮮の不可解な行動が、日本人の不信感を駆り立て、朝鮮半島に対する危機意識を高めているようだ。

煽られる朝鮮半島の危機

日本のマスコミで北朝鮮の脅威が煽られるようになったのは、いわゆる朝鮮半島の「九四年危機」に直面してからである。一九九三年二月、ＩＡＥＡ（国際原子力機関）から「未申告の核廃棄物処理・貯蔵施設があるのではないか」と指摘され、特別査察を要求された北朝鮮は、ＮＰＴ（核不拡散条約）からの脱退を表明。翌九四年、国連安保理の非公式協議で北朝鮮に対する経済制裁が検討されたことに、北朝鮮政府は激しく反発した。このとき、北朝鮮が「国連安保理の経済制裁は宣戦布告と見なす」と宣言したため、朝鮮半島における軍事衝突の可能性が一挙に高まった。

日本政府は、その後、米国から北朝鮮の軍事機密を入手しながら「朝鮮半島の危機」を募らせ、少しずつ新ガイドライン関連法案成立のための準備を進めてきた。そして今度は、外から武力攻撃を受けたとき、自衛隊が行動しやすくするための「有事法制」をめぐる論議を活発化させると同時に、一〇億円の予算を計上し、日米で外からのミサイル攻撃を迎撃ミサイルで破壊するTMD（戦域ミサイル防衛）の共同研究にのりだそうとしている。

この際、新ガイドライン関連法案や「有事法制」、あるいはTMDがターゲットとして想定している「仮想敵国」の一つは、明らかに北朝鮮と考えられる。しかし、はたして北朝鮮は日本人が考えるほど危険な国なのだろうか。

九四年七月、北朝鮮の生みの親ともいえる金日成《キムイルソン》主席が亡くなってから、北朝鮮は息子の金正日《キムジョンイル》の時代に突入した。金正日は、九七年一〇月に党総書記に就任し、金日成の後継者としての地位を固め、建国五〇周年を迎えた九八年九月には最高軍事指導機関である国防委員長にも再選された。このとき発表された改定憲法では故金日成主席を「共和国の永遠の主席」と定めて国家主席制を廃止したため、金正日は国家主席に就任しなかった。しかし、金正日を国防委員長に推挙した時点で「国家最高位」と定めたことで、金正日への権力移行は完了したとみられている。ともあれ金正日を国家・党の最高指導者とする新体制が発足してから、北朝鮮社会はどのように変化したのだろうか。

計画経済から「市場経済」へ

北朝鮮は、その政治システムや経済変動の観点から見れば、韓国と比べて驚くほど変化の乏しい国である。金日成が国家主席に就任してから亡くなるまで、指導者内部ではほとんど権力闘争が見られず、中ソのような激しい経済システムの変化も見られなかった。

しかし九〇年代に入って、エネルギーと経済援助面で大きく依存してきたソ連が崩壊し、「血で固めた関係」といわれた中国も韓国と国交を結び、改革・開放路線を歩み始めたため、北朝鮮は国際舞台で孤立化を余儀なくされ、経済的苦境に追い込まれることになった。また九五年から相次いだ水害などの自然災害が、この国の農業生産に深刻な影響を与えた。国連のＷＦＰ（世界食糧計画）の調査では、北朝鮮は年間一三五万トンの食糧が不足していると言われ、餓死者や飢餓による病人が続出しているという。

こうした経済危機のなかで、北朝鮮の硬直的な経済システムも変化を余儀なくされている。九八年九月に改定された新憲法では、①旧憲法において協同団体所有であった農耕用家畜と工場建物が個人所有になり、②「独立採算制を実施し、原価・価格の収益制を正しく利用する」という規定が新たに加えられ、③著作権と発明権に加え、特許権が保護対象に加えられるなど、計画経済から「市場経済」への断片的移行がうかがえる。

実際、金正日体制になってからも、対外的には社会主義システムの堅持を掲げているが、限定的な改革・開放に向けての実験が行われてきた。九八年九月、羅津《ラジン》市内に羅津科学技術大学が誕生したのもそうした試みの一つといえる。この大学は、北朝鮮側が百万平方メートルの土地を無償で提供する一方、二五〇〇万ドルの設立費用を韓国人、在米韓国人、中国朝鮮族有志が出資する。つまり、世界の韓国・朝鮮人が国境を超え、力を合わせてつくり上げた初めての大学である。

驚くべきことに、設立の趣旨は「北朝鮮の市場経済形成に必要な人材を育て、国際的な専門家交流の場をつくる」こととされている。大学には、コンピューター、ビジネス、英語の三学科が設置され、韓国人教授のもとで北朝鮮の貿易担当者など一二〇人がそれぞれの学科で学んでいるという。

北朝鮮の市場経済への移行を促した内的要因が、閉鎖経済による深刻な経済危機であるとするなら、その外的要因は韓国政府による太陽政策である。北朝鮮との経済交流に抑制的であった前政権とは対照的に、金大中《キムテジュン》氏は大統領就任後、「閉鎖社会の北の厚い外套を脱がすのには北風より太陽が有効」と述べ、南北経済交流拡大のための大胆な措置をとってきた。

九八年四月、韓国政府は、①経済団体のトップの北朝鮮訪問を許可する、②韓国企業の北朝鮮への投資額の限度を廃止し、投資許容品目も大幅に拡大するなど、南北経済協力活性化政策を発表し、韓国企業の対北朝鮮投資への道を切り開いた。

このような金大中政権の太陽政策の後押しを受けて、南北経済交流は少しずつ実を結びつつある。九八年一一月、訪朝した韓国の現代《ヒョンデ》財閥の鄭周永《チョンジュヨン》名誉会長は、帰国後の記者会見で、北朝鮮との間で「黄海沿岸に約六六〇〇平方メートルの韓国中小企業向け工業団地を建設する」ことで合意したと発表した。現代財閥は、起亜《キア》財閥から買収した自動車の遊休生産設備を北朝鮮に移転し、北の安価な労働力を利用して年二〇万台規模の自動車組み立て工場をこの地に建設する予定といわれている。

軍指導部と改革派との確執

韓国の太陽政策による体制崩壊を危惧する金正日政権としては、急速な経済自由化に歯止めをかけつつも、経済苦境を回避するために市場経済への漸進的な移行を黙認せざるをえないのが実情だ。

とはいえ市場経済への移行を金正日政権がもろ手を挙げて賛成しているわけでもない。一九九九年四月、五年ぶりに予算審議を行った最高人民会議では、楊亨燮《ヤンヒョンソプ》常任副委員長が「経済の自由化とそれに伴う腐敗に歯止めをかけ、中央集権的指導を強化しつつ統制経済を強める」ことを表明している（『世界』一九九九年六月号）。楊氏のこの発言には、なし崩し的に進展する経済自由化への北朝鮮の激しい警戒心が見て取れる。

北朝鮮の経済自由化による対外開放をだれよりも警戒しているのは北朝鮮の軍部である。九八年七月に行われた最高人民会議選挙では、軍の躍進がめだった。選出された代議員六八七人のうち軍人が八〇人を占めた。これは前回選出された四五人を大幅に上回っている。金正日総書記が軍を重視していることは、金日成主席没後、彼が四年間で三三〇あまりの人民軍部隊を現地視察した（『朝鮮通信』一九九九年四月一三日）ことでも分かる。

軍指導層は特に改革派による経済自由化政策を警戒しており、軍部と改革派との確執もうわさされている。自由経済貿易地域の顔として活躍し改革派の旗手であった金正宇《キムジョンウ》・対外経済協力推進委員会委員長が「核開発を妨げた」という理由で失脚した事件（『朝日新聞』一九九八年九月二日）は、こうした両者の確執を物語っている。こうした軍の動きについて、韓国国防部は「食糧購入より軍事力増強に優先的に投資し、高度の戦争準備態勢を維持しようとしている」（『韓国国防白書』一九九七—九八年版）と分析している。

九九年一月、北朝鮮政府は、党機関紙において「今年を強盛大国建設の偉大な転換の年にして輝かせよう」という社説を掲載し、「人民経済の各部門で生産を正常化し、国の経済全般を軌道にしっかり乗せ、人民生活を安定させ向上させる」（『労働新聞』一九九九年一月一日）ことを宣言した。

この社説は、裏返せば「北朝鮮経済の各部門とも生産が伸びず、経済全般が低迷し、人民の生活が安定していない」北朝鮮の実情をさらけ出す一方、食糧難で餓死者が出る苦境を何とか乗り越えなければならないという金正日政権の強い決意を感じさせる。党機関紙は「どうしたら人民に満腹になるまで食べさせられるかということばかり考えている」（『労働新聞』一九九九年五月七日）という金正日総書記の言葉までを紹介している。

しかしその一方で、金正日総書記は党機関紙で次のようにも語っている。

「敵はわれわれが人工衛星を打ち上げるのに何億ドルもかかったと言っているが、それは事実である。私はその費用が該当部門に回されるのを見ながら、その費用を人民の生活に回したらどれほどいいかと思った。私はわが人民がろくに食べることもできず、他国のようによい暮らしができないのを知りながら、国と民族の尊厳と運命を守り、明日の富強祖国のために費用をその部門に回すのを許した」(『労働新聞』一九九九年四月二一日)。

金正日総書記のこの発言は、人民にミサイル(衛星)打ち上げへの理解を求めたものであるが、ここで重要なことは、金正日総書記が北朝鮮の悲惨な食糧事情を認める一方、それ以上にミサイル(衛星)を打ち上げねばならない必要性を人民に説いていることである。

北朝鮮がミサイルと核開発にこだわる理由

北朝鮮が食糧購入より核やミサイルなどの軍事力増強にこだわるのはなぜだろうか。その理由は大きく二つあると思われる。

一つは、中ソに見放され国際的に孤立した北朝鮮が、外からの攻撃あるいは侵略に備えるためである。これは、二十世紀の大半を外国からの攻撃と侵略にさらされてきた経験をもつ北朝鮮にとって、当然といえば当然といえる。核保有国である米国と依然休戦関係にある北朝鮮が、抑止力として核を開発しようとするのもうなずける。次のような北朝鮮の機関紙の社説を読めば、日本の再軍備がどれほど北朝鮮の軍部を刺激しているかがわかる。

「米国の侵略シナリオにそって、旧ソ連を主な敵として北方中心に編成、配備された自衛隊の武力が、共和国を攻撃目標にして西南中心に再編・配備されている。『日本周辺有事』を想定した『日米防衛協力指針』も『北朝鮮有事』に修正され、日米共同軍事演習の矛先も共和国へと向けられている。……日本は、我々に対する偵察と攻撃を目的としたスパイ衛星の導入と戦域ミサイル防衛システムの開発を進め、戦争準備の最終段階に入ろうとしている。こうしたただならぬ動きは、日本の共和国敵視政策が危険ラインを超えつつあることを示している」（『朝鮮通信』一九九九年二月二日）

日本はテポドンが大きな脅威であるというが、北朝鮮にとっても新ガイドラインやTMDなど日本の軍事力強化の動きは脅威なのである。したがって、日本や米国が北朝鮮を威嚇し続ける限り、北朝鮮もまたそうした脅威に備えなければならない。

北朝鮮が核とミサイルにこだわるもう一つの理由は、国際社会から孤立した北朝鮮にとって、「危機の演出」が敵対国から援助を引きだす有効な手段になっていることである。すなわち北朝鮮の目的は、核やミサイルの開発自体にあるのではなく、核やミサイルの疑惑を利用して、可能な限りの補償を国際社会から確保することにあるというわけだ。

実際、北朝鮮はこの間の米朝交渉の過程で、査察の見返りに食糧支援の要求を掲げてきた。ただ、ここで勘違いしてはならないのは、北朝鮮は米国から無償で食糧援助を受けるつもりはさらさらないということである。なぜなら「自主」を生命とする北朝鮮が、敵対国である米国から無償で食糧援助を受けることは自らの主義に反するからだ。地下施設を見せるかわり、あるいは核開発を中断する見返りに敵対国から食糧支援を受けることはありえるかもしれない。そういった意味で、核とミサイルは北朝鮮にとって、敵対国と交渉する大切なカードであり、またそれ以上のものではない。
　こうした北朝鮮のシグナルを読み取るならば、日本が北朝鮮の核やミサイルに過剰反応して、国交正常化交渉を中断したり、ＫＥＤＯ（朝鮮半島エネルギー開発機構）への資金拠出を保留したり、あるいはまたミサイル発射の対抗措置としてＴＭＤを開発することは賢明な選択でないことがわかるだろう。大切なことは、北朝鮮を煽ることではなく、北朝鮮からミサイル攻撃の対象とされない友好関係を一刻も早く築くことである。

（一九九九年八月）

第12章　朝鮮半島をめぐる東アジア情勢の行方

対談・朱建栄

朱建栄（しゅ・けんえい）
一九五七年中国・上海生。東洋学園大学教授。専門は、国際政治・中国現代史。著書に『毛沢東のベトナム戦争』『中国　第三の革命』など。

司会・横堀克己（朝日新聞論説委員）

南北首脳会談の意味

今日は、南北首脳会談が歴史的にどのような意味を持ち、これから東アジアはどう変わっていくのか、を探っていきたいと思います。まず時間を少しおいたところで、首脳会談の意義はいま、どう総括されていますか。

朴　これまで一九七二年の七・四共同声明や九二年の南北基本合意など、南北間で統一問題や平和共存について合意はありましたが、ことごとく死文化してきました。それに対して今回は、南北の両首脳が直接サインをし、かなり平和共存のための実効性が出てきた点が最大の成果だと思います。

「いままで軍事境界線をはさんで北朝鮮が韓国側に流していた韓国非難のアナウンスが、金正《キムジョン》日《イル》総書記の中止命令でなくなった。これこそが、まさに共同宣言実践の第一歩」という話もソウルでは聞かれます。私も、学生を連れて毎年一回は板門店《パンムンジョン》に行くんですが、北朝鮮の韓国バッシングはいつまで続くのかと思っていました。まさに合意の実効性を象徴する出来事だったと思います。もうひとつは、首脳会談の大きな課題のひとつでもあった南北の離散家族問題です。これが、八月一五日から百人規模で南北相互訪問することが決定的になりました。北朝鮮としては大きな決断だったと思います。南の発展を北の離散家族に見せることになるうえ、南から北への情報流入も伴うわけですからね。

朱　歴史というものは、ときに当事者自身の予期以上に、さまざまな歯車を回し、大きな変化へと波及していくものです。一一年前のベルリンの壁の崩壊も、その当時の指導者に東西の冷戦を終結させようという確固たる意思がそこまであったわけじゃない。しかし、いったん始まったら、指導者の思惑を超えてはるかにどんどん前に進むんですね。

やはり、世界的な冷戦構造崩壊のプロセスがいよいよ最後に残った東アジアまで及んできたと思います。同時に、一〇年前に比べれば、経済や情報のグローバリゼーションも大きく進みました。金正日も首脳会談前に訪れた北京で「自分はコンピューターやインターネットはよくわかっている。韓国についてもいろいろテレビを見ている」と言ったと伝えられています。経済と情報の国際化が北朝鮮の指導者層の意識を変えた点もあったと思います。

朴　朝鮮半島はこれまで大国のパワーゲームのなかで振り回されてきました。今回の首脳会談では、他国の力を借りるのではなく、自分たち自身の力で朝鮮半島問題を解決していくプロセスが生み出されたことに、非常に大きな意味があると思います。これまでは、北朝鮮は対米交渉を通じてしか韓国に接近できなかったし、韓国も対中交渉を通じてしか北朝鮮に接近できなかった。「なんで隣にいる同じ民族と直接話ができないんだ」といういら立ちをずっと韓国の人々も感じていたはずです。

南北首脳の共同署名の日に、『朝日新聞』の社説は「氷山が溶けだした」と書いたんです。そしたら、日本のメディアの一部や朝鮮問題研究者から反発が起きました。「好戦的な、人をだます北朝鮮の本質は変わらないんだから、だまされるな」といった議論や「半島をめぐって新たな対立構造が生まれるだけじゃないか」というものでした。しかし、大きな流れは南北和解の方向へ進んでいます。北朝鮮が難破した韓国の船をすぐ修理して送り返したり、韓国がサッカーの二〇〇二年のワールドカップを、二試合だけ北朝鮮でやってもいいと再提案したりと、具体的な動きが出てきている。そこで、短期的な予想になりますが、まず、金正日の訪韓は実現するか。実現するなら、その時期はいつでしょうか。

金正日の訪韓は実現するか

朴　金正日は首脳会談で「ある時期までにソウルを訪問する」という約束をしたといいます。その「ある時期」とは、とにかく年内だろう、それも電撃的に訪問するだろう、という見方がもっぱらです。ひとつの示唆となるのは、そもそも今回の首脳会談に先立ち、金正日が最初の外国訪問先としてアメリカでも韓国でもロシアでもなく、中国を選んだという事実です。九二年に中国と韓国が国交を正常化して、中朝関係が一時冷却化していました。北朝鮮は、中国との関係を修復してその親密ぶりを内外にアピールしつつ、中国を後ろ盾にしてソウルを訪問したかったんじゃないでしょうか。

朱　私も自分の心の内だけで考えていたことがいよいよ裏づけが取れてきたという思いがしているんですが、朴さんの言う中朝関係を前提に考えていくと、金正日の訪韓はやはり一〇月以降になるだろうと思います。一〇月には中国の江沢民主席がピョンヤンに行くことが決まっているからです。

ここ一、二年、金正日の大胆な展開の背後には、中国の影がどこかいつもつきまとってきたようにみえます。九四年に金日成《キムイルソン》主席が亡くなりましたが、その直前に「いざというときは、中国と相談せよ」といった遺言を残したと言われています。死後しばらくは国内の体制固めや経済困難への対応に追われてきましたが、それが一段落して変革に着手することになって、まず出てきたアクションが一九九九年六月の北朝鮮の金永南《キムヨンナム》・最高人民会議常任委員長の訪中でしたね。その際、中国側は「米朝交渉も結構だが、もっと幅広く他の国と交渉しないといけない」とアドバイスしたと言われています。実際にその後、欧州や日本を含むアジア諸国に対する北朝鮮の積極外交が始まるのですね。

今回、中国側の新華社の報道でも、南北朝鮮による自主的な平和統一については、それを北朝鮮側が主張し、中国は支持するとはっきり言った、と伝えられています、やはり北朝鮮はここ一、二年、開放政策を取ってきた中国からさまざまな経験を学び、一方では支えとしてもうまく中国を活用してきたのでしょう。そういう観点からすると、私は、金正日は一〇月の江沢民主席の訪朝を踏まえて、その次にいよいよ訪韓の決断を下すと思います。

朴　ただ、金正日はやはり、韓国側の「誠意」を見極めたうえで最終判断するんじゃないでしょうか。韓国が北朝鮮に経済支援をどれぐらい行うのか、ということです。ある程度この条件が満たされれば、金正日の訪韓は比較的早いんじゃないでしょうか。

■**どの程度、経済支援が進めば、北朝鮮は「誠意がある」と受け止めるのでしょう。**

朴　これは非常にむずかしい。結局、統一の問題とも絡んできますしね。今回の共同声明に「南北経済の均衡的発展」という項目があります。韓国のあるシンクタンクの推計によりますと、北朝鮮を現在の韓国の経済水準まで引き上げていくためには今後一〇年間に七二兆ウォン、日本円で七兆円程度必要だといいます。ところが実際に韓国がいま準備しているのはおよそ一兆ウォン程度ですから、あくまで韓国側からの経済協力は日本から資金を引き出すための前提条件になると思います。従って、日本からどれだけ資金を引き出せるか、という意味で韓国からの支援規模は重要な指標となります。

■**具体的には何をやるのですか。**

朴　金正日が九八年にトップに君臨してから、憲法が改正されました。それまで団体所有だった工場について個人所有の概念を導入し、独立採算制と収益制の自由を認めました。特許権も認められました。計画経済から市場経済への段階的な移行がみてとれるわけですね。金正日の訪中の際も、これまで「修正主義」と批判してきた中国の改革・開放を非常に高く評価しました。ところが、北朝鮮が経済特区をつくっても外国から企業はなかなか入ってこない。鉄道や港湾、通信、ダムといった基本的なインフラ部門が未完成だからです。閉鎖経済を全面的に変えるつもりはないでしょうが、金正日はいま、幾つかの特定地域を決めて、そこのインフラ部門を韓国側の資金提供で整備し、集中的に韓国から財閥資本を呼び込んでいく考え方だと思います。

■ それには時間がかかりそうですね。

朴 一〇年ぐらいかけて徐々にやっていくという話です。

朱 ただ、ひとつのビジョンとして、資金投入を約束するやり方は可能でしょうね。

韓国国民の反応は

朴 おそらく今回、金正日総書記が得た最大の成果は、韓国の国民から一定の理解を取り付けた点でしょうね。生の映像で見た金正日総書記に対して、多くの国民は「非常に柔軟な指導者じゃないか」という好印象をもちました。金大中《キムテジュン》大統領にしても、国民の納得がないと大規模投資は行えません。

―― しかし、過去、さまざまな事件がありました。ラングーン事件や大韓航空機事件。今回のことで韓国国民の間にあった北に対する恐怖心は氷解したと考えていいんですか。

朴 韓国で最近、非常にヒットした映画に「シュリ」という作品がありました。もちろん、北は非常に恐ろしい国として描かれていますが、一方で、中にいる人間には心の通った人もいるという描き方をしています。「シュリ」で描かれたもうひとつの北朝鮮の人々の姿が今回の首脳会談で再現されたように私は思うんです。

北朝鮮にも、タカ派もいればハト派もおり、改革派も保守派もいる。その綱引きのなかで金正日総書記は巧妙に計画経済から市場経済や改革・開放に向けた準備をしてきたとみたほうがいいのではないでしょうか。金正日総書記は党首会談で「私が直接、金大統領と面談する時間をできるだけ保守派は減らそうとしたんだが、私は彼らを説得した」と述べたといわれています。演出もあるでしょうが、そこにはかなり本音が含まれていると思います。

朱 ラングーン事件を含めて、おそらくどこの国でも、そうした忌まわしい記憶は完全に消えることはないでしょう。ただ、それを解決するひとつの手がかりをつくったということは言えるんじゃないですか。

今回の首脳会談のようなトップダウンの方式は一種の政治決着です。細かい問題がすべて決着してからでないと首脳会談はできないということであれば、いつまでたっても実現できない。私は、南北朝鮮が和解の方向に行くならば、ある意味で東洋的に、つまり、玉虫色的な解決方法でいくしかないと思う。どっちが悪いか、どっちが良かったのか、それはいくら詰めても結論は出ませんから、過去の問題については玉虫色でやっていくほかない。一言追加すると、日朝関係打開にも、それが示唆になるかもわからない。

朴　南北交渉はいつも入り口論のところでお互いに条件を突きつけあって、「在韓米軍が撤退してから話をしましょう」とか「核ミサイルを凍結してからやりましょう」とか言っていたんですが、今回の首脳会談では全くそれが出なかった。

朱　ある日本の評論家は「北朝鮮が『金大中大統領の北訪問は白旗を掲げて北に来たんだ』といった言い方を内部に対してしている以上、内部では何も変わっていない」という論を展開しているんですが、しかし、中国の経験からみれば、これは違う。

もう三〇年近く前ですけれども、ニクソン大統領の北京訪問に関して中国内部では全く同じ論法で、国内向けには「ニクソンが白旗を掲げて北京に来たんだ」と言ったんです。その後、中国外交は大きな変化を遂げましたが、そのときになぜ「白旗」と言わないといけなかったのか。

やはり中国や北朝鮮のような体制というのは、現実の外交は高度に一部指導者が握ってきたので、一般の庶民に対しての教育の変化は遅れるものなのです。当時、毛沢東や周恩来はアメリカを相当理解していたと思いますが、一般的な教育は「米帝国主義」でした。国内向けにはある時期、自分の正当性を主張し、相手が自分のペースに合わせてきたと、つまり、「白旗を立ててきた」と言わざるを得ない。

北朝鮮は変わるのか

――先ほどの「北朝鮮には保守派も改革派もいる」という見方ですが、何か具体的な証拠のようなものはありますか。

朴　北朝鮮は、金日成の掲げた、経済における自立、政治における自主、軍事における自衛という「自主・自立・自衛」の基本路線に従って、これまで国家建設をおこなってきたわけですね。ところが、金日成の死後、金正日総書記が憲法改正のなかで掲げた改革事項をみますと、いちばん大きいのは効率性の追求です。北朝鮮は今日、肥大化した行政組織をスリム化して、生産の効率化を目指し、基幹部門を中心に企業規模の縮小を進めています。金日成のときは、生産の効率性は考えずにひたすら「大きければいい」という発想でしたが、現在はむしろ規模よりも効率性を追求する政策に変わりつつあると言えます。それを側面から支えているのが北朝鮮の改革派の人々だとみていい。核兵器の開発問題をめぐって金正宇《キムジョンウ》ら改革派のリーダーが何人か失脚したこともありますが、大きな流れでいえば、金日成の主義・主張について解釈権を持っているのは金正日総書記だけですから、彼自身が「新思考」という形で現実的に改革・開放に向かっていることは間違いないと思います、

朱さんが二〇〇〇年八月号の『論座』で「金正日は鄧小平になれるか」という非常に大胆な提

起をされているんですが、私は金正日総書記はゴルバチョフにはなれないまでも、鄧小平になれる可能性はあると思います。ただ、制約はあります。それは、北朝鮮が金日成の残した「主体思想《チュチェ》」という思想のなかで行動せざるをえないという限界性です。したがって、北朝鮮は、限定的な改革を一歩一歩、金日成思想と格闘しながら進むしかないわけです。

朱　確かに全面的に中国モデルを取り入れていくという形にはならないでしょうね。中国も八〇年代からさまざまな国のモデルに倣おうと試行錯誤しましたが、最終的には「中国型の社会主義の改革だ」という形になりました。

北朝鮮と中国との違いもある。まず国の大きさが違う。例えば中国の場合は仮に深圳で大混乱が起こったところで、中国の体制そのものは崩れない。しかし、北朝鮮はやはり、二千万強程度の人口で、思想の自由化を含めて改革を大胆に進めることにはためらいがあるでしょう。あくまでも思想面では自由化反対を貫きつつ、経済面で改革・開放を進めていくという使い分けになるんじゃないでしょうか。

朴　ただ、政治システムが基本的に変わらないまま、はたしてどれだけ改革・開放ができるか。これは中国にも問われている問題だと思いますが、経済のグローバライゼーションやIT革命が進むなかで、北朝鮮が、経済面だけとはいえ、その流れにそのまま乗っかると、硬直的な政治と開放的な経済システムの齟齬はますます明白になっていくでしょう。

朱　中国は国内にさまざまな民族があり、同じ漢民族でも、北と南でかなり地域の意識差が強い。ベトナムも北と南で違いがある。その点で北朝鮮は、指導部が統率しやすい利点はあるのではないですか。政治と経済の両面でルールをつくり、コントロールできると思っているのかもしれない。

南北経済交流がうまくいけばいくほど、「情報鎖国」の状態も打ち破られていくという、むずかしい綱渡りなんですね。その点で政権の安定性は読みきれない。危なくなれば体制維持のために逆戻りする可能性もあるかもしれない。

朱 短いスパンでみれば、そういう危険性は当然あります。

朴 だが、韓国人の本音は「早期統一も分断の固定化も望んでいない」というものだと思います。もし北朝鮮が崩壊して大量の経済難民が押し寄せてきても、現在の経済力ではとても彼らを支えきることはできないでしょう。韓国だけでなく、その他の国々も、北朝鮮の早期崩壊を現時点ではだれも望んでいない。これは大部分の人が了解していることだと思うんです。

北朝鮮が経済的に安定するまでは、統一というより、むしろ平和共存の枠組みをどうつくっていくのかということが、韓国政府にとっても死活問題になってくるでしょう。将来的には香港と中国のような「一国両制」といったシステムを過渡的に採る方向で準備づくりが進んでいくんじゃないでしょうか。

ただ、その前提として、いま一人当たりの国民所得は、北朝鮮と韓国とで一〇倍の開きがある。そうした格差をどう縮めていくかが先決問題として出てくると思うんです。その点は、韓国だけでなく、北朝鮮の崩壊を恐れる中国や日本も強く意識しなければいけないことです。

金大中大統領は残りの任期で何をやるのか

二〇〇二年には、金大中の大統領任期が切れます。中国の一六回党大会で江沢民の総書記任期も一応終わる。中国も韓国も指導者が世代交代する時期に入っていきます。そこでまず、金大中は任期の後半二年をどう使うのか。そこから南北関係の中長期的な将来を予測していきたいと思います。

朴　基本的に金大中の仕事はほぼ大枠で達成した感があります。かなり多くの失業者を生みましたが、大胆な構造改革で国民経済は立ち直りました。外交的にも最大の焦点だった北朝鮮との関係改善で進展がありました。ただ一方で、韓国内では金大中政権に対して結構厳しい評価もあることは事実です。

ひとつは、地域対立の激化です、今回の選挙で韓国では落選運動が活発化して、その影響を金大中自身の党は被りましたが、野党のハンナラ党はほとんど影響がなく、慶尚南道《キョンサムナムド》の地域ではほとんどハンナラ党の人間が当選しました。その結果、慶尚南道と全羅道《チョンラド》との対立はますます深くなった。さらに金大中政権で全羅南道《チョンラナムド》出身の閣僚が重要なポストを占めたことで、野党の不満が鬱積している。そのしこりが金大中時代に解消できず、「ポスト金」に引き継がれていくと、北朝鮮との関係にも悪影響を与えかねない。

朱　米中関係との比較でいえば、七二年に訪中したのは共和党のニクソン大統領でしたが、その後、揺れはあったけれども、そこで敷かれた基本ラインは民主党の大統領になっても変わりませんでした。やはり今回の南北首脳会談で敷かれたラインは、だれが韓国の次の指導者になろうと、後退させることはたぶんむずかしいだろうと思います。

金大中大統領が朝鮮の歴史に名を残すために何をやるかといえば、外国勢力の半島からの撤去しかないと思います。在韓米軍を半島から追い出し、中国の勢力も全部追い出す。朝鮮半島はひとつだという問題を提起することで、抜き差しならないほど深まった地域対立を乗り越えることができると考えるかもしれない。ただ、その場合は、アメリカがどう出るかという別の問題が出てくる。つまり、東アジアをめぐる対立構図として、アメリカと中国の関係が協調になるか対立に向かうかという問題が鮮明になってくると思うんですよ。

中国と米国はどう動く

朱　今回の首脳会談に際して、中国は、従来の現状維持的な姿勢を転じさせて、北朝鮮を開放の道に誘導し、同時に韓国ともいい関係を維持して南北朝鮮の自主的な交渉への協力を後押しする方向へと、はっきり変化したと思います。

ただ、中国自身が一種の誘惑にかられているような印象が拭えない。ここで南北問題を後押ししていけば、アメリカのこの地域での影響力を牽制できるし、台湾問題について、朝鮮半島への影響力をもって取引材料にできると考えているのではないか。七月にピョンヤンを訪れたロシアのプーチン大統領もＮＭＤ・ＴＭＤに反対する共同声明を出しましたが、これも北朝鮮との関係を対米交渉のカードにする狙いがあるのでしょう。

金大中が在韓米軍を撤去する可能性を突き詰めていくと、やはり、アメリカの主たる狙いが対中対決へとシフトするのは避けられない。今度の南北朝鮮の和解は、必ずしもこの地域の平和、東アジア全体の緊張緩和にすぐつながっていくものではなく、アメリカが最も恐れていた中国が前面に出ざるを得なくなる結果を生むのではないでしょうか。

朱　やはりいままで朝鮮半島というのは「緩衝地帯」的な役回りもあった。アメリカは本音では中国に向けた軍事的な配置や配備をする場合でも、北朝鮮が目的だと称することができたし、中国も腹の内ではわかっていてもストレートに批判できませんでした。それが南北関係の緊張緩和が進むことにより、アメリカはすぐ、背後に中国がいるではないかと警戒するだろうし、やはり失地挽回ということもあって、逆に台湾との関係を重視する可能性が高い。米中関係の悪化が台湾と中国大陸との交渉を阻害する新しい要因にもなりかねないでしょう。しかし、見逃してはならない新しい動きもある。今回の首脳会談の後、台湾でただ一人、「今回の影響はたいしたものじゃない」と言った人がいます。それは前総統の李登輝でした（笑）。しかし、現総統の陳水扁は六月二〇日の就任一カ月の演説で「朝鮮ができることをわれわれはどうしてできないのか」と言った。今回の南北首脳会談で双方が合意した統一へのプロセスというのは中台関係でも大きな示唆になりうるのではないでしょうか。

中国側も、南北首脳会談がもたらした東アジア全体の緊張緩和のなかで、従来の「とにかく『一つの中国』の原則を認めろ」といった頑なな態度から共通点を探していく態度に戦術変換する可能性があると思います。実際、通商・通信・通航をめぐるWTO加盟を追い風にして、中国側にも台湾との直接交渉を進めていこうとする動きがあるように感じられます。江沢民には自分の在任中に台湾との統一問題の処理を軌道に乗せたいという意欲もあるとは思いますが、同時に国内に経済など諸改革の課題を抱えるなか、内心では一種の現状維持を望んでいる本音の部分もあると思うんですけどね。

朴 韓国では南北首脳会談の前に、米軍機の誤爆事故が起きました。それ以来、在韓米軍の撤退議論が沸き起こっています。今回の南北首脳会談を受けて、反米感情が高まっているのが現実なんです。そもそも在韓米軍はこれまで東アジアの平和と安定に寄与するという考え方が一般的でしたが、むしろ南北首脳会談の後は在韓米軍の存在自体が南北統一の妨げになるという考え方が韓国内でも強くなってきたわけです。

たしかに、最近、韓国へ行ってみたら、アメリカ大使館の前にものすごい機動隊がいるんですよ。誤爆事件以来、高まった韓国の反米感情は案外無視できない。もともと、日米安全保障条約の地位協定より韓国のほうがはるかに権利が認められていないわけですから、自分たちの安全をアメリカ軍が守ってくれているということでずっと抑えてきたものが南北和解で逆になってきている。

朱 先日も韓国の首相が在韓米軍の地域協定について不平等なものは改正していこうと正式に表明しましたよね。

朴　南北首脳会談では在韓米軍についてほとんど触れられていませんが、アメリカは在韓米軍の撤退への動きを警戒したようで、この間、オルブライト国務長官が韓国に行き、削減の条件として三つ挙げました。北朝鮮の核ミサイルの凍結と軍事力の縮小、それから南北の信頼醸成の三つです。ただ私は、朝鮮戦争終結時の休戦協定を停戦協定に移行しないかぎり、在韓米軍の撤退は不可能だと思っています。結局、在韓米軍撤退も米朝関係の改善にかかっていると思います。アメリカが北朝鮮に対する経済制裁を一部解除した動きは、撤退へ向けた条件づくりとして評価できると思いますが、一方でクリントン政権はかなり北朝鮮に対して柔軟な政策を取ってきましたから、共和党のタカ派には反発が強い。朝鮮半島情勢が冷戦からデタントに移行していくと、たしかに、米国の厳しい視線は朝鮮半島から対中関係へ移っていくかもしれません。しかし、朱さんが言ったように、中国と台湾には「一つの中国」にこだわらず対話を続けていく努力が必要で、その点について両国は南北首脳会談から多くのことを学ぶことができるのではないでしょうか。

日本の役割は

――ところで、新しい東アジアの平和の枠組みができる方向に進んでほしいというのは、日本国民の望みでもあるはずです。だが、東アジアの冷戦構造の急激な変化のなかで、日本だけが取り残されている感が強いですね。

朴　日本側が本気で北朝鮮と対話を再開するならば、南北首脳会談から幾つかの教訓を学べると思うんです。まず協議の入り口から条件をつけると必ず決裂する。北朝鮮側が植民地支配に対する謝罪と補償を最優先順位であげ、日本側は拉致疑惑が解決しないかぎり応じられないと主張する。これではおそらく永遠に袋小路に入って両国が関係改善することはできないと思います。

朱　結局、日朝関係の打開のためには、やはり日本側が、この関係の本質は何なのかを正しく認識する必要があると思います。拉致疑惑など最近の諸問題も避けて通れないのはそのとおりですが、だからといって、日本がかつて朝鮮半島を支配していた問題がわきに追いやられるというのは、問題の本質を間違えるものだと思います。方法論としてもそうです。拉致の問題を先に出して、「相手が先に自分に歩み寄らないと、次の論議には入らない」という態度は、国家間の交渉で成功に導いていく戦術とは到底思えません。どうせ打開できないのだから一種の時間稼ぎや相手からの譲歩を引き出す戦術としてならば、そうした戦術もわからなくはないですが、東アジアの新しい平和の枠組みの構築に各国が動き出すなかで、日本も戦術の転換を迫られているのではないか。

朴　拉致疑惑は、北朝鮮と国交を正常化したうえで、赤十字を通じて解決に向かうほうがいいのではないでしょうか。「あんた方、拉致したんでしょう、帰しなさい」と言い続けても、北朝鮮政府がそんな簡単に認めるはずはない。もっと大人の議論をしたほうがいい。

—　日朝交渉を進めてしまうと、賠償面で日韓条約を乗り越えてしまう可能性がある。その場合、韓国の反

――応はどうなりますか。

朴　確かに六五年の日韓条約締結の際、日韓両国の交渉は米政府の介入の下で韓国側が請求権を放棄する見返りに、日本から経済協力金を受け取る形で妥結してしまった。そういった前例があるかぎり、北朝鮮に対して一方的に補償は行えないというのが、日本の基本認識だと思います。しかし、北朝鮮が韓国に比べて有利な条件で日本と国交を正常化しても、韓国政府は文句を言わないのではないでしょうか。

――この間、韓国で外交通商大臣に会ったときに「日朝交渉が進んで日韓条約を超えたらどうなる」と聞いたんです。そしたら、「それは両国間の問題ですから、われわれが言うべきことではありません」という返事でした。

朴　金大中が「太陽政策」を進めて、韓国側から財閥系資本がかなり北朝鮮に進出しましたよね。しかし、日朝関係が不安定なままだと、北朝鮮のカントリーリスクが高すぎて、日本企業は安心して北朝鮮に投資できない。やはり、日朝が国交を正常化し、日本企業が安心して北朝鮮に投資できる環境整備をしないかぎり、東アジアに平和の風は吹かない。

日本が戦後補償としてある程度誠意を見せた金額を払った上で、北朝鮮に対する経済協力という形でインフラ部門に支援していく。そうした「誠意」を日本が示せば、北朝鮮が拒否する可能性は低いと思います。

さきの日朝交渉でも実はひとつ、サインが出ている。「文化財の返還」という話がそれです。日本の国立博物館のなかには日本が朝鮮から持ってきた固有の文化財があります。北朝鮮は、四つの「中核的問題」のひとつに文化財の返還をあげているのです。

朴 あえて、北朝鮮がサインを送ったというわけですね。

日本が返還することで誠意を示すことは可能なんです。外交の風の変化に日本はもう少し敏感であるべきです。

朴 しかし、時間がない。やはり、やるなら金大中政権の在任中です。次の選挙で「太陽政策」に批判的なハンナラ党が政権を握ったら、北朝鮮との関係は簡単には進まないでしょう。南北首脳会談のいい風が吹いているときに、日本は一刻も早く北朝鮮との国交正常化交渉を再開し、謝罪と補償の問題をまずクリアしていただきたい。

朱 日本の国力からいって日本はもっと国際的な役割を果たすべきだし、他国がそれを制限できるものではないと思いますが、そのためにまず、足元の立脚点を見つめ直すべきでしょう。すぐ隣にある、いままでの歴史のなかでまだ未解決の問題を抱える地域との関係を正常化できないで、どうして世界的な問題に対応できるのか、という国際批判にこたえられる外交姿勢が問われていると思います。

（二〇〇〇年九月）

第13章　日朝関係に影落とす不審船事件と拉致問題

はじめに

二〇〇二年四月、外部からの武力攻撃事態に対処するための有事法制関連三法案が閣議決定された。政府は三法案の国会成立をめざすことで合意しているようだが、「日本の有事」の定義があいまいなこの法案には、野党のみならず、与党内からも多くの問題点が指摘されている。

だが誰よりも、この法案の成立を警戒しているのは、かつて日本から軍事侵略を受けたアジアの国々である。中国の新聞は「有事法制は日本の軍事潜在力を活性化させる」（『中国青年報』二〇〇二年四月一七日）と警告。韓国の新聞も「（有事法制で）日本の武力行使の可能性がさらに大きくなり、憲法改正と集団的自衛権確保への道を開く」（『東亜日報』二〇〇二年四月一七日）と憂慮の念を表明した。

有事法案と不審船事件

中国や韓国がその歴史的経験から日本の軍事力行使を警戒するのは理解できるが、日本はいったいどの国からの武力攻撃を警戒しているのだろうか。中国脅威論も囁かれてはいるが、冷戦時代に仮想敵国と見なしてきたソ連が崩壊した今日、ソ連に代わる軍事的脅威として声高に語られてきたのが北朝鮮である。新しい防衛白書では、日本の防衛力の見直し作業を進めるうえで、北朝鮮のミサイル開発や不審船事件を念頭に入れ、朝鮮半島を軸に国際情勢を注視する必要性が論じられている。

実際、五月七日に衆議院の特別委員会で行われた有事法制三法案をめぐる総括質疑で、「武力攻撃が予想される事態の定義の明確化と具体的な例を示せ」という野党の質問に対し、中谷防衛庁長官（当時）は武力攻撃事態の定義について「あらゆる事態が対象になる」と述べ、その具体例として「海上保安庁が不審船に対処しきれない場合に、武力攻撃事態として対処できる」と説明。有事法制三法案、なかでも武力攻撃事態法案の狙いの一つが、北朝鮮の不審船対策であることをほのめかす答弁を行っている。

防衛庁長官がこうした答弁を行ったのは、二〇〇一年一二月二二日に起きた奄美大島沖の不審船事件の際、現行法では政府の対応に限界があることを、政府自身が強く認識したためである。

事件当日、海上自衛隊の連絡を受けた海上保安庁の航空機が、最初に奄美大島沖の海上で不審船を発見したのは、午前六時二〇分。それから約六時間半後の午後一二時四八分、海上保安庁の巡視船が、奄美大島の北西約三二四キロの海上で不審船を確認し、停船を命じるが、船は停船命令を無視して逃走した。

巡視船は上空に向けて威嚇射撃を行うが、不審船はさらに逃走。午後四時一六分、不審船が停船命令に従わなかったため、船尾に向けて機関砲を撃ち、これが命中する。午後五時二四分、さらに船体前部に機関砲で射撃を加えると、不審船の甲板から出火し、奄美大島の西北三九三キロの海上で停船したが、鎮火後に再び逃走する。

午後六時五三分、不審船は巡視船四隻に囲まれ、いったん停船するが、二時間半後に逃走を開始。午後九時三五分、ほかの巡視船も発砲するが、不審船は逃走を続け、奄美大島西北約三九〇キロで停船する。午後一〇時、巡視船二隻が不審船を挟み込もうとすると、今度は不審船が発砲。三隻目の巡視船も発砲し応戦。午後一〇時一三分、銃撃戦の末に不審船は沈没する。

以上が二〇〇一年一二月に生じた不審船事件のあらましである。このとき問題になったのは、現行法の枠内で、不審船が発砲する以前に海上保安庁の巡視船が行った船体射撃が、法的に許されるかどうかである。

対応に問題はなかったのか

二〇〇一年一〇月、海上保安庁法が改正され、日本の領海内に限り、停船命令を無視して逃走する不審船に対して船体射撃を行うことが認められた。また正当防衛であれば、相手船の乗組員に死傷者が出ても、刑事責任を問われないことになった。だが今回の船体射撃は日本の領海外、すなわち排他的経済水域（公海）で行われたもので、改正条項でも認められる行為とはいえない。

本来、排他的経済水域内では、沿岸国は海洋法条約で漁業や鉱物資源の探査などの経済活動を規制できるにすぎない。仮に不審船が工作員や覚せい剤を運んでいたとしても、日本の警察権の及ばない排他的経済水域では取り締まれないはずである（田岡俊次「公海の自由と、不審船対策」『朝日新聞』二〇〇一年一二月三〇日）。

海上保安庁は排他的経済水域で船体射撃を繰り返した理由として、「漁業法に基づく立ち入り検査を求める停船命令を無視したため」と述べているが、漁業取り締まりを口実に停船を命じたとしたら、いくら相手が逃走したとしても、船体射撃を行い炎上させるというのは、過剰対応と言わざるをえない。もしこの段階で、相手を死傷させたり、沈没させていたら、刑事責任を問われていたかもしれないからだ。

先の海洋法条約では、確かに「継続追跡権」が認められており、自国の領海で見つけた不審船を追跡し、他国の領海に入ることも認められている。だが相手側に危害射撃ができるのは、不審船から攻撃を受けて負傷者が出た場合に限られている。したがって不審船から発砲された後の船体射撃は正当防衛と言えるかもしれないが、排他的経済水域内における無抵抗の不審船への船体射撃は、法的に許容される対応とはいえない。現行法では、排他的経済水域内の不審船に対し、不用意な攻撃を加えることはできないのである。今回準備されている有事法制三法案は、こうした状況を打開するため、排他的経済水域内で発見した不審船に対して、武器の使用条件を大幅に緩和しようとする法改正であると言えるだろう。

裏を返せば、このような法改正を行おうとすること自体、二〇〇一年の不審船事件への海上保安庁の対応に行き過ぎた点があったことを、政府が認めているからにほかならない。しかし、一部の国会議員から「適切な対応だったかどうか十分に検討する必要がある」という声があがったものの、不審船事件への海上保安庁の対応の是非は国会でほとんど議論されなくなってしまった。有事法制論議が高まるなかで、こうした問題はもみ消されてしまったようである。

むしろ、不審船からの発砲で海上保安官が負傷したこともあって、不審船への毅然とした対応を求める声が強まっている。事件の現場捜査で不審船が北朝鮮の船との見方が強まるなかで、「北朝鮮の不審船」対策はいっそうエスカレートしていく危険性を秘めている。

拉致疑惑問題の新たな展開

不審船事件とならんで、日朝関係に影を落としてきたのが北朝鮮の日本人拉致疑惑問題である。一九九一年から始まった日朝国交正常化交渉は幾度となく決裂してきた。過去の清算を最優先課題として掲げる北朝鮮に対し、日本側は拉致疑惑問題の解決を迫ってお互いに譲りあわず、対立してきたからである。

しかし日朝間で硬直化していた拉致疑惑問題が、二〇〇二年に入って新たな展開を見せ始めた。同年二月一二日、北朝鮮は、「共和国の法に抵触するスパイ行為」の容疑で抑留されていた元日本経済新聞社員、杉嶋岑氏を解放した。杉嶋氏の解放は直接的に拉致疑惑問題の解決につながるものではないが、北朝鮮が日本政府の解放要求に応じたという点で、北朝鮮の日本人「行方不明者」の消息調査の進展にも期待をもたせるものであった。

同年三月一一日には、北朝鮮に拉致された疑いがもたれていた有本恵子さんについて、よど号ハイジャック事件メンバーの元妻である八尾恵さん（四十六歳）が、警視庁の調べに対し「有本さんの北朝鮮への拉致は、よど号グループが計画、実行し、自分もかかわった」と供述していたことが判明した。八尾さんは、よど号グループのリーダー田宮高麿（九五年死亡）から「若い日本人女性を獲得せよ」との指示を受け、有本さんがロンドンに留学していた当時、北朝鮮からロンドンに渡って現地で有本さんに近づき、「市場調査の仕事がある」と誘って北朝鮮に渡航させたという（『朝日新聞』二〇〇二年三月一二日）。八尾さんは、同年三月一二日に開かれた東京地裁の公判でも、有本さんの北朝鮮への拉致目的は、拉致男性と結婚させるためだったと述べ、日本人男性二人の拉致にもよど号メンバーがかかわったと証言した（『朝日新聞』二〇〇二年三月一三日）。

よど号グループの関係者による拉致の供述が得られたのは今回が初めてであり、これまで有本さんの北朝鮮への拉致は認定されていなかった。警視庁公安部は、北朝鮮の拉致事件とよど号グループのかかわりを重視し、本格的な捜査に乗り出すことになった。八尾証言を聞いた小泉首相は、「拉致問題を棚上げして、日朝国交正常化交渉はありえない」と述べ、拉致疑惑問題の解決を国交正常化までに決着する「出口」方式から、正常化交渉再開の前提とする「入口」方式でのぞむ決意を表明した。

変化する北朝鮮の対応

有本さんが北朝鮮に拉致されたことを日本政府が断定し、正常化交渉に「入口」方式の強硬路線で臨むと表明したことで、これまでの北朝鮮の対応から考えて、日朝関係はますます冷却化していくかに思われた。ところが、北朝鮮側の予期せぬ対応によって、事態は急変する。

二〇〇二年三月二二日、朝鮮中央通信は、北朝鮮赤十字スポークスマンが、有本さんの拉致について、「我々は彼女を『誘惑』したり、『拉致』したことがない」と疑惑を否定したことを伝え、その一方で、「『行方不明者』の調査事業を継続する」と述べ、日本側との交渉再開を求めたことを報じた。北朝鮮はこれまで「日本側の言う『行方不明者』は、わが国の中にいない」と述べて消息調査を中止していたが、この発言により北朝鮮は前言を撤回し、「行方不明者」の調査再開を約束したことになる。

さらに翌二三日、北朝鮮が日本の外交当局との接触で「日本人行方不明者のうち一人は生きて」おり、その人物が有本さんである可能性が高いことを、日本政府に二〇〇一年示唆していたことが判明した（『毎日新聞』二〇〇二年三月二三日）。北朝鮮は、これまで日本の警察が拉致被害者と認定している人物が自国内に滞在していることを認めたことは一度もなかったが、「行方不明者」という名目であれ、北朝鮮が自国内に有本さんの存在を認めたとしたら、それは「拉致疑惑問題」解決に向けた一つの前進といえるだろう。

日本政府はこの好機を逃すことなく、北朝鮮との話し合いを通じて有本さんの所在を確認し、彼女が無事に帰国できるよう、粘り強い交渉を進めていくことが大切だ。「拉致問題が解決されない限り、関係改善はない」といった強硬政策一本槍では、この問題は解決しないだろう。日本政府のこうした態度が日朝交渉を滞らせてきたわけだし、何よりも交渉を行わなければ解決もありえないからだ。植民地時代に数多くの人たちを拉致・連行された北朝鮮にしても、過去の問題が解決しない限り、交渉に応じたくないという気持ちはある。お互いが問題点を理解し、解決に向けた対話を続けていく努力が大切だ。

再開された日朝赤十字会談

日朝間の人道的問題について話し合う日朝赤十字会談が、二〇〇二年四月二九、三〇日の両日にわたって行われた。赤十字会談としては二年ぶり、日朝の公式対話としては、二〇〇〇年中断した日朝国交正常化交渉以来一年半ぶりである。

日本側は、懸案である北朝鮮に拉致された疑いのある行方不明者について調査継続を求めた。これに対し、北朝鮮側は「すでに調査を再開している」と伝え、「中央及び地方レベルの赤十字組織及び当該機関と協力して、しっかりした調査を行う」と約束した。

この際、「昨年一二月、北朝鮮側が行方不明者の調査中止を発表したため、国民の中で拉致問題への関心がいっそう高まっている」と述べた外務省の審議官に対し、北朝鮮側は「拉致という言葉は使わないでほしい」と淡々と述べたという。従来なら、「拉致」という言葉に過剰に反応してテーブルを叩いていた場面だ。また日本側の赤十字国際部長が、有本さんの拉致に関与したとされるよど号メンバーの元妻の証言を伝え、よど号関係者に確認をとるように求めると、北朝鮮側は「はじめて聞いた事実であり、必要に応じた措置をとりたい」と答えたという。これも、従来なら北朝鮮が「拉致などない」と全面否定していた場面だろう。拉致疑惑問題に対して、全般的に北朝鮮側の柔軟な対応が見られたのが、今回の会談の特徴だ。

一方、北朝鮮側は日本に対し、一九四五年以前に日本に徴用された朝鮮人行方不明者の調査の継続を要請。日本に渡ったまま行方不明になっている朝鮮人について、これまでの二五九人に加え、新たに五五人分の名簿を提出して安否調査を求めた。

二日間の会談で、両国はこのほかにも、第四陣の日本人配偶者里帰りを夏ごろに実施すること、次回の赤十字会談を六月に開催することで合意した。拉致疑惑について具体的進展はなかったが、北朝鮮側が次回の会談を受け入れ、対話継続の意思を示したことは、一つの成果である。日本側にも拉致問題の解明に向けた粘り強い交渉を期待したい。

対北朝鮮強硬策がはらむ危険性

とはいえ、北朝鮮が日朝交渉にこれまで以上に柔軟な姿勢を見せているのに対し、小泉政権が北朝鮮に対する政策をますます硬化させているのは気がかりだ。おそらく不審船事件や有本さんの拉致疑惑問題などで、日本国民の北朝鮮に対するイメージが悪くなっていることも、政府の対北朝鮮強硬策を後押ししていると考えられる。

拉致問題の解決に向けた日本政府の北朝鮮への対応のあり方について、毎日新聞社が行った世論調査でも、「人道支援や国交正常化交渉と並行して解決を図るべき」といった意見は三三％にとどまり、「人道支援や国交正常化交渉の凍結」（四〇％）や「米国への軍事的な協力を含めて、強硬な姿勢で解決を図るべきだ」（一九％）などといった、北朝鮮に対する強硬論が全体の六割を占めた（『毎日新聞』二〇〇二年四月二二日）。

こうした世論を背景に、拉致問題の解決をめざす超党派の国会議員たちは、二〇〇二年四月「北朝鮮拉致日本人早期救出行動議連」（会長、石破茂）を結成。北朝鮮に対する人道支援の全面凍結や在日朝鮮人の日本への再入国を認めない法改正を求めるなど、強硬な姿勢で北朝鮮に臨む活動方針を採択した。

日本政府は、二〇〇一年一一月に世界食糧計画（ＷＦＰ）が北朝鮮に支援を要請したときも応じなかった。今回の赤十字会談で北朝鮮側から食糧支援についての言及はなかったが、北朝鮮の食糧事情は依然深刻である。ＷＦＰの調査では、北朝鮮は年間一三五万トンの食糧が不足していると言われ、飢餓による病人も続出している。飢餓で苦しんでいる北朝鮮の住民と北朝鮮の拉致疑惑が無関係であることを、日本の人々にも理解していただきたい。また本国政権と距離をおいている一般在日朝鮮人の再入国を禁止するというのも、過剰な報復措置と言わねばならない。冷静な判断が求められているのは北朝鮮だけではない。

（二〇〇二年七月）

第14章　北朝鮮はどこに行くのか

対談・**趙明哲**

趙明哲（チョ・ミョンチョル）
一九五九年平壌生。八七年、金日成総合大学経済学部教授、九二年、中国・天津の南開大学客員教授を兼任。九四年、韓国に亡命。韓国における北朝鮮経済研究の第一人者。

はじめに

朴　まず、趙さんの生い立ち、そしてなぜ北朝鮮から韓国に亡命したのかといったあたりからおうかがいしたいのですが。

趙　私は一九五九年四月、平壌市で生まれました。平壌には政府高官の子弟だけが通う南山《ナムサン》高等中学校があり、金正日《キムジョンイル》総書記をはじめとする金日成《キムイルソン》主席の子どもたちや、その親族も通っていました。父親が建設省の次官だったおかげで、私もこの学校を卒業しています。ちなみにこの学校には、親が現職の長官あるいは次官である間しか在学することができません。親が左遷されれば、子も転校しなければならないのです。

その後、金日成総合大学で六年間、博士院で四年間学び、八七年から九四年まで金日成総合大学経済学部の教員を務めました。九二年から九四年までの二年間は、中国・天津にある南開大学へ交換教授として赴任し、九四年に韓国へ亡命したのです。

朴　亡命を決心した最大の理由は何だったのでしょうか？

趙　北朝鮮社会の最高位層で暮らしていた当時から、私はさまざまな葛藤を感じていました。やがて国外へ出かけるようになると、その葛藤はさらに深まっていきました。国外出張に出かけて外国を見るたびに、北朝鮮の体制や上層部の姿勢が現実から乖離していることを感じずにはいられなかった。

北朝鮮をそのような状況に追い込んだすべての責任は指導部にある、世界がどのように変化しているかを指導部は知らなくてはならないと思いました。

しかし、国内にいては指導部の考えを改めさせることはできません。指導部に近い私が韓国に行けば、彼らの目を覚まさせることができるのではないか。そんな考えもあって、韓国行きを決めたのです。

なぜ亡命者が増えているのか

朴　最近、北朝鮮から中国や韓国に亡命する人たちが急増しています。先日、亡命を希望して瀋陽の日本総領事館に駆け込んだ北朝鮮の人たちが中国の官憲に連行されるという衝撃的な映像が世界中に配信されましたが、同じように中国内の外国公館に駆け込むケースが増え、国際社会の大きな問題になっています。趙さんは、この脱北者問題の背景をどのように考えておられますか。

趙　現在、脱北者問題は非常に深刻化しています。一般的には、脱北者の増加は北朝鮮の食糧難のためと考えられていますが、私は根本的な問題は食糧難ではないと理解しています。

北朝鮮がこれほど多くの難民を生み出している背景には、三つの問題があります。人権の問題、生存権の問題、そして処罰の問題です。まず人権についていえば、北朝鮮の憲法では思想・信仰・集会・結社の自由が認められていますが、実際にはこうした自由はまったくありません。国民が国家の政策を間違いだと批判したり、修正を要求することはまったくできず、ただ当局の指示が無条件に執行されるだけなのです。国民はたがいに監視しあい、密告しあわなければならない。国民生活の隅々までこうしたことが行われており、国民は自分の意思で生活できない状況にまで追い込まれています。

次は生存権の問題です。世界のどこに住んでいる人も、自分の幸福を追求する権利を持っているはずです。北朝鮮のような食糧難が起きたら、自分自身でそれを解決する方法を探すでしょう。しかし、北朝鮮では、国家の集団農場で生活ができなくても、個人で農産物をつくることは認められません。国外に親戚がいても、頼ることさえ許されない。北朝鮮では、個人が幸福を追求する権利、生存のための方法を探す権利さえもまったく認められていないのです。餓死者が次々に出ているなかで、こうした問題はきわめて切実なものです。

さらに処罰の問題があります。これは人権、生存権と直接つながってくる問題ですが、脱北者たちがみな食糧難のために国を出たとすれば、十分な食糧と衣類を与えられれば、みな祖国に帰るはずです。しかし、誰も戻ろうとはしない。脱北者が帰国すれば、本人だけでなく、家族、親戚まで厳しく処罰されるからです。

朴　脱北者に対する中国側の処遇も問題になっていますが、この点についてはどうでしょうか。

趙　大きな問題は、中国に行った脱北者たちが、さまざまな人権を侵害されていることです。中国当局は、脱北者たちを「違法に越境してきた犯罪者」と見なしているので、それにつけこんで脱北者を搾取しようとする人々が出てくる。脱北者たちはひどい低賃金で働かされたり、生きるために売春したりといった境遇に置かれています。

朴　せっかく北朝鮮から出ても、同じような悲惨な状態に置かれたままだということですね。

趙　脱北者は、食糧難だけではなく、政治的な問題のために亡命してきているのですから、本来なら政治難民の地位を与えるべきでしょう。脱北者を難民と見なそうとしない中国の政策が、このような悲惨な状況をもたらしているのです。

だから脱北者たちは、中国を出て第三国、つまり韓国に行くしかありません。しかし、それには多額の費用がかかる。少なくとも日本円で四〇万円から百万円ぐらいはかかってしまいます。こんな金額はとても用意できませんから、別の方法を探さなくてはならない。それが、いま問題になっている、在外公館への駆け込みです。

朴　外国の公館への駆け込みはNGOの手法として注目されているわけですが、最近になって、駆け込み亡命を仕掛けている韓国のNGOの一部に、アメリカ議会から資金が流入しているという報道が出ています。かつて東欧から西欧への亡命劇でもこうしたケースが見られましたが、アメリカ議会が駆け込み亡命を資金的に援助しているという事態をどう理解されますか。

趙 ＮＧＯが活動するためには資金援助が必要です。韓国や日本も含めたあらゆる国の政府が、さまざまなＮＧＯに援助をしています。そのなかで、アメリカが北朝鮮からの亡命を助けるＮＧＯに資金を供給していることだけをことさら取り上げるのは、適切ではないと思います。

現在、中国の東北三省では、非常に多くの脱北者が苦しんでいます。ＮＧＯが助けるべき人はたくさんおり、寄付だけではとてもまかないきれません。韓国政府の支援も残念ながら不十分です。脱北者問題は国際社会が抱える人道的な問題としてとらえるべきであり、アメリカが北朝鮮を崩壊させるために資金を出しているといった見方をすべきではないでしょう。

食糧援助は一般の人々に届くのか

朴 とはいえ、脱北者問題には、北朝鮮の経済危機という背景も大きいように思います。北朝鮮は具体的なデータを公開していませんので、国連やアメリカ議会から出たデータをもとに推測することでしか実態を把握できないのですが、たとえば世界食糧計画の調査では年間百万トン以上の食糧が不足しているとも報じられています。

趙 食糧問題については、北朝鮮、国連、韓国の統一部、アメリカの四者が出しているデータがそれぞれ異なります。ですから、何万トンが不足していると断定することはできません。問題は、何万トンといった数字ではなく、北朝鮮が食糧を自給できないシステムになってしまっているという点です。

現在のような集団農業の形態では、どうやっても食糧難を解決することはできません。農業の私有化もしくは家族単位での請負制を認めるしかないのです。そのことは、多くの国が北朝鮮当局に対して助言しています。たとえば中国は、集団農業から個人請負制に変えたところ、わずか二、三年で四〇％の増産を達成しています。

朴 同じ北朝鮮国内でも、平壌と地方ではだいぶ状況が違うのではないですか。平壌の人はある程度生活できても、田舎に行けば行くほど食糧難は深刻と考えていいのでしょうか。

趙 食糧の配給では、質・量ともに平壌市が最優先されています。たとえば、地方では米と雑穀の比率が三対七だとすると、平壌市は七対三といった状況なのです。北朝鮮当局は、平壌は首都であり、外国人も多いといったさまざまな理由をつけて配分の偏りを正当化しようとしていますが、外国から見れば異常な状態としか言いようがありません。

さらに大きな問題は、食糧の輸送のためのインフラがないことです。これは政策というより現実の問題なのですが、平壌をはじめとする大都市は比較的インフラが整っているので、食糧を輸送することも容易です。しかし、北朝鮮の大部分では、鉄道は電気がないため動かず、自動車もガソリンがないので使えません。ある地方で深刻な食糧難が起きたとしても、そこへ食糧を運ぶことができない。

朴　日本のNGOやNPOが北朝鮮へ食糧を送っても、それが一般の人たちにほんとうに届いているのか。一部のエリート層だけに独占されてしまわないか。そのモニタリングの重要性はつねに指摘されていますが、実際のところはどうなんでしょう。

趙　送った食糧がエリート階層に独占されてしまうという心配は杞憂でしょう。そもそもエリート階層は、国内で生産される食糧を優先的に割り当てられていますから、外国からの食糧に頼る必要はありません。問題は、たとえ外国から食糧が送られてきても、現在の北朝鮮では、必要としている地域や人々に届けるのが困難だということなのです。

現在も食糧難は非常に深刻です。配給されている食糧の水準は、標準的なカロリー摂取量の三〇—四〇%にすぎず、特に農業ができない山間地域では、必要とするカロリーの三〇%以下の食糧しか配給することができない状態です。北朝鮮の人たちを救うためには、諸外国がもっと多くの食糧を援助する必要があります。しかしそれと同時に、送った食糧を困窮している人たちに届ける方法を考えなくてはなりません。

北朝鮮の「改革・開放」は進むのか

朴　これまで北朝鮮では、収益性を基準にした外国貿易は原則的に否定されてきたわけですが、金正日総書記は「自立的民族経済を建設することは、門戸を閉ざして経済を建設することではない」と述べ、対外経済の拡大をチュチェ思想のなかで「正当化」し、対外開放に向けた法整備を進めているように見えます。「改革・開放」に向けた具体的な兆候としては、九八年九月に改定された新憲法で「企業の独立採算制を実施し、原価・価格の収益制を正しく利用する」といった規定が加えられたことや、二〇〇一年四月、金総書記の上海視察後に開催された最高人民会議で「中国モデル」の導入を視野に入れ、加工貿易法やソフト保護のための著作権法など新たな対外経済関連法が採択されたことが挙げられます。

しかし日本の北朝鮮研究者には、こうした北朝鮮の「改革・開放」にきわめて懐疑的な学者が少なくありません。そうした北朝鮮の行動は、西側世界から援助を引き出すためのポーズにすぎないというのです。金正日政権は本当に「改革・開放」を進める気があるのでしょうか。それとも一連の「改革」は西側に向けた演出にすぎないのでしょうか。

趙 現在、北朝鮮内部では、経済システムを効率化するために、企業管理、収益性を重視した運営、独立採算制、対外経済の拡大といった努力が行われています。しかし、現在の経済システムを根本的に変えないかぎり、このような方策をいくらとったところで、効率化することはできないでしょう。根本的な問題点は、これまで北朝鮮が行ってきた中央集権的な管理システム、計画経済、自立的経済の建設という目標、バーター貿易といったものにあります。そうしたものが北朝鮮の経済政策を縛っているのです。

北朝鮮の経済を、東欧諸国をはじめとする旧社会主義国家との比較で考えてみましょう。東欧諸国で、社会主義から自由主義経済へ移行したときに行われた、土地・工場の私有化、物価・貿易・企業経営の自由化、市場インフラと自立的な金融システムの構築、国民生活の安定のための政策といった措置は、北朝鮮ではまったく行われていません。誰かがそうした改革を提言すると、現体制を崩壊させようとしていると見なされてしまう。

北朝鮮の経済が生き残るために、何よりも重要なのは外国からの投資を受けることです。しかし、現在のような計画経済や中央集権システムの中では、外国企業の進出は望めないでしょう。単に法律を整備するだけでは、諸外国から信頼を得ることはできません。ただ「収益性を重視する」というだけでは、中国やベトナムに対抗して、外国企業を誘致することはできない。中国なら、労働者の採用や解雇が自由に行えるし、他の企業と連携することもできます。そうしたことが自由にできない北朝鮮に外国企業が進出するメリットがあるでしょうか。当局が特別に配慮する一部の海外企業が成功することは可能かもしれませんが、大部分は失敗に終わるでしょう。現在のシステムのもとでは、海外からの投資を呼び込むことはほとんど無理だといわざるをえません。

朴　市場開放のための法制度改革は進んでいても、実際に外国からの投資を受け入れるためのインフラ整備は進んでおらず、外国企業にとって魅力的な市場にはなっていないということですか。しかし、金大中政権のもとで包容政策（太陽政策）が進められ、政経分離によって韓国企業の北朝鮮進出が法的に可能になりました。その結果、財閥系を中心に、かなりの企業が北朝鮮に進出しています。

進出の理由をアンケート調査から見ると、労働者の賃金が中国よりもかなり安いということが挙げられています。賃金が安いという点では北朝鮮は魅力的な市場ではないかと思うのですが。

趙　北朝鮮での賃金は、市場原理ではなく、進出する企業と北朝鮮当局の協議によって決まります。当局はできるかぎり賃金をつり上げようとする。交渉がうまくいかず、賃金が中国やベトナムよりも安くならなければ、企業が進出することはできません。現在、北朝鮮当局が外資系企業に要求している賃金は、月額八〇米ドルから一五〇米ドルです。つまり中国とそう変わらないのです。

朴　それは、日本の高卒にあたる人の場合ですか？

趙　そうです。北朝鮮では高校までは義務教育ですから、ある程度の知識は身についているはずです。ただ、北朝鮮の労働者は、外国に比べると、新しい技術への対応に慣れていません。まったく新しい技術を求められる作業の場合、習得するのに時間がかかるでしょうね。

先ほど、韓国の政経分離の話が出ましたが、私が九四年にソウルに来たとき、すでに財界、学界の多くの人たちは政経分離を主張し、北朝鮮への経済的進出を望んでいました。包容政策（太陽政策）が行われるよりずっと前のことです。当時の韓国政府は北朝鮮に対して強硬政策をとっており、企業が自由に北朝鮮への投資や交易を行うことはできませんでした。とはいえ、もし北朝鮮への投資が本当に大きな利益を生み出すのなら、企業は万難を排して投資したでしょうから、結局は投資が引き合わなかったということでしょう。

朴　ただ、包容政策が始まるよりもかなり前、九〇年代の初頭から、現代《ヒョンデ》グループや大宇《デウ》などの韓国企業は北朝鮮に進出していますよね。テレビ、ラジオなどの電化製品や、繊維製品では、労働集約的な生産工程を平壌に移していたわけです。そうした企業の担当者に聞くと、あれはほとんど採算度外視だったというんですね。その時点では利益はまったく出ない。では、なぜ北朝鮮に進出したかというと、一〇年後、二〇年後をにらんだ先行投資だという説明でした。

趙　南北経済協力の歴史には、いくつか段階があります。まず、北朝鮮の労働者の質はどの程度のもので、企業はどのように管理されているのかといったことを調べる、いわば模索期から始まりました。この段階での目的は、利益よりも情報を得るためのものでした。

当時の韓国の大企業からすれば、北朝鮮への進出は事業のほんの一部にすぎませんでした。LG電子のテレビ工場では年間に何百万台も組み立てられていましたが、そのうち北朝鮮で生産されたのは一万台にも達しておらず、委託加工の段階にとどまっていた。この段階で情報を収集した結果、進出を断念した企業も数多くありました。

朴　最近、北朝鮮は成果主義を導入し、政府が労働者の所得格差を認めるとの報道がありました。従来の配給制を廃止し、物価と賃金を大幅に引き上げる。基幹産業を除く全企業に独立採算制を導入するようです。さらに、これまで政府による米の買い入れ価格は一キロ四〇チョン（ウォンの下の通貨単位。百チョン＝一ウォン）でしたが、今後は四〇ウォン、つまりほぼ百倍の値段で買い上げると報じられています。

いま北朝鮮では大量の米がヤミ市場で一キロあたり三〇ウォンから七〇ウォンで売買されてい

ます。国定価格はそれよりもはるかに下ですから、農民は国家に米を売らず、ヤミ市場に米を横流しする。また、一部の富裕層は、配給米をヤミ市場に流して、利ざやを稼いだりする。こういう不正を正すために、金正日政権がキロあたり四〇ウォンで買い入れることにしたと報道されています。こうした改革は、北朝鮮が経済システムをより実益を求める方向に変え、「改革・開放」を進めようとしている兆候にも見えるのですが。

趙 買い取り価格を一〇倍、百倍にするだけでは、何の効果も上げることはできません。いまの北朝鮮の人々は、カネがないからモノを買えないのではなく、カネはあってもモノがないから買えないのです。問題は、供給が需要についていけないことから生じているのです。

現在、ヤミ市場の価格は、国営商店の価格の一〇倍から四〇〇倍です。国家が国定価格を一〇倍、百倍に上げたとしても、供給が増えないかぎり、ヤミ市場の値段がさらに一〇倍、百倍に上がるだけでしょう。国定価格がキロあたり四〇ウォンになれば、ヤミ市場での値段が四〇〇ウォンになるといったことが繰り返されるだけです。供給量が増えないかぎり、問題は解決しません。

本当にヤミ市場と国営商店の価格を同じにしたければ、価格の自由化、企業の自由化、貿易の自由化を同時に行わなければなりません。国営企業と商店が自由に販売価格を決定できるようにする必要がある。米の価格を現実に合わせるという施策は、この三つの自由化と同時に行われないかぎり、効果を上げることはできないでしょう。

朴 北の「改革・開放」政策については、社会主義体制の制約の中で、これからも試行錯誤が続くでしょう。しかし、北朝鮮が生き残るために、「改革・開放」路線はもはや後戻りできない選択肢だと思います。

包容政策（太陽政策）は今後どうなるか

朴　南北の対話が停滞し続けていることで、韓国の野党やマスコミから金大中大統領の包容政策（太陽政策）に対する批判が強まっています。さらに二〇〇二年六月、韓国西部沖の黄海で発生した北朝鮮の警備艇との砲撃戦で多数の死傷者が出たことで、野党のみならず与党からも厳しい包容政策批判がなされました。金大中政権の包容政策の成果と限界についてはどう思われますか。

趙　包容政策は、与野党の支持を前提として行われてきたものです。いま野党は金大中政権の対北政策については批判していますが、包容政策そのものは支持すると表明しています。野党が対案として打ち出している対北政策を見ても、包容政策を基本とし、その上に立っているものです。ただ、実施時期や方法の面で多少の違いはあります。金大中政権は、黄海事件については北朝鮮を非難しても、これまで進めてきた南北協力路線はそれとは切り離して続けていく方針です。一方、野党は、黄海事件と他の問題を切り離さない立場です。北朝鮮が協力的で平和的な対応をするならば支援も協力もするが、そうでなければ姿勢を変えるべきだというのです。

さらに、包容政策は国民から強い支持を受けています。また、アメリカや日本も支持しており、特にロシアと中国は包容政策への強い支持を表明しています。

問題は、包容政策が正しいか正しくないかではなく、包容政策のもとで、どうすれば北朝鮮を変えることができるのかという方法論の部分にあるのです。

朴　それは私も同感です。「北朝鮮は変わらない」と嘆く前に、周辺諸国が協力して北朝鮮の「改革・開放」に向けた取り組みを支援しながら、北朝鮮を国際社会に引き入れていく努力を重ねていくことが重要だと思います。

ところで、二〇〇二年七月二五日、北朝鮮当局が韓国政府に対し、黄海での砲撃戦について遺憾の意を伝え、さらに再発を防ぐために南北閣僚級会談の実施を提案してきました。これまで韓国を非難してきた北朝鮮がこのような歩み寄りに転じたのはなぜでしょうか。

趙　米朝、日朝関係の改善のためではないでしょうか。黄海の事件は、アメリカや日本と北朝鮮との関係に悪影響を及ぼしました。アメリカがただちに特使派遣を撤回したのがいい例です。南北の関係改善が進むにつれ、国際社会から北朝鮮への支援や援助が増えてきています。そうした状況のなかで、この事件のために国際社会で孤立するのは望ましくないと考えたのでしょう。そういう意味で、今回の事件は、意図的・挑発的に起こされたものではなく、偶発的な事故だったと私は考えています。

日朝関係はこのままでいいのか

朴　日朝関係に話を転じましょう。これまで懸案になってきた「拉致疑惑問題」が、二〇〇二年に入って新たな展開を見せています。北朝鮮に拉致された疑いがもたれているAさんについて、北朝鮮赤十字スポークスマンが、「われわれは彼女を『拉致』したことがない」と疑惑を否定しながらも、『『行方不明者』の調査は継続する」と述べました。さらに、日本の外交当局者との接触で、北朝鮮側が「日本人行方不明者のうち一人は生きており、その人物がAさんである可能性が高い」と示唆していたことも明らかになっています。これまで北朝鮮は、日本政府が拉致被害者と認定した人が国内にいることを一度たりとも認めなかったわけですから、たとえ「行方不明者」という名目であれ、Aさんの存在を認めたことは、北朝鮮の対日政策に大きな変化があったことを物語っていると思えます。それは、いま趙さんがおっしゃったような、日朝関係の改善の努力の一環なのでしょうか。

趙　本質的にはそうでしょう。八〇年代末まで、北朝鮮は「拉致疑惑」など聞いたこともないという、非常に強硬なスタンスでした。そのような姿勢から比べると、いまは非常に柔軟な姿勢に転換しています。北朝鮮側から「『行方不明者』の調査は継続する」といった発言が出たことは、私にとっても大きな驚きでした。従来の北朝鮮なら、当局が知らないことは何ひとつないはずだったのです。それが「調査する」と言ったのですからね。

いま日本では、朝銀事件などで、朝鮮総連が厳しい状況に置かれています。これまで北朝鮮を経済的に支援してきた朝鮮総連が力を失うことは大きな問題で、なんとか組織を立て直す必要があります。北朝鮮としては、行方不明者の問題で譲歩することで、別のところでより大きな利益を引き出そうとしているのでしょう。

朴　だとすると、たとえば北朝鮮がAさんを行方不明者と認定し、日本に帰すといった可能性も大きいと考えていいのでしょうか。

趙　私見ですが、最終的にはAさんを日本へ帰すのではないでしょうか。ただ、その場合の形式が問題になります。北朝鮮が拉致した責任を逃れられるような形式をとりながら、帰国させることになるでしょう。第三者に責任を負わせることで、北朝鮮のメンツを立てるのではないかと思います。

朴　北朝鮮がそうした柔軟な姿勢を見せているのに対し、日本側は北朝鮮への態度を硬化させているように私には思えます。二〇〇二年四月、一部の国会議員が「北朝鮮拉致日本人早期救出行動議連」を結成し、北朝鮮への人道支援の全面凍結などを唱えています。小泉首相も「拉致問題を棚上げして、日朝国交正常化はありえない」と発言しました。こうした日本の対北朝鮮政策をどのように評価されますか。

趙　拉致疑惑問題を解決すべきだという日本の姿勢については、韓国政府も国民も異議を唱えたことはありません。韓国から北朝鮮に拉致された人たちもいます。南北の歩み寄りがさらに進展すれば、韓国政府もいずれは拉致問題の解決に乗り出すでしょう。しかし、韓国政府は、拉致疑惑のために、北朝鮮との関係を冷却させたり、対話を断絶させたりはしません。対話を継続させつつ、柔軟に対応しようとしています。

もし拉致が行われていたとしても、それは金日成・金正日政権が行ったものです。拉致問題のために、現在の体制下で苦しんでいる北朝鮮の人々への人道支援を取りやめるというのは、本末転倒というべきでしょう。

朴　私も、「拉致疑惑問題」が解決するまで国交正常化交渉をしないというようなやり方では、「拉致疑惑問題」そのものも解決しないと思います。話し合いのテーブルにつかないかぎり、進展は望めないわけですから。

趙　拉致というのは非人道的な行為です。しかし、拉致問題を解決するために、人道支援を凍結するのも、同じように非人道的な行為でしょう。日本や韓国が北朝鮮よりも優れているのは、より人道的な国家であるという点であるはずです。他に交渉のカードはいくらでもあるのに、なぜ餓死していく人たちへの援助を止めるというカードを使わなければならないのでしょうか。

朴　おっしゃるとおりです。韓国のみならず米国や欧州も北朝鮮への支援を継続しています。日本だけが「拉致疑惑問題」で人道支援を停止するというのは、やはり国際社会の理解を得られない行為だと思います。しかし、それ以上に気になるのは日本の最近の動きです。新ガイドライン関連法の採決から今回の有事法制関連三法案まで、日本は北朝鮮を「仮想敵国」と想定しているように思えてなりません。こうした日本の動きについて、北朝鮮や韓国はどう考えているのでしょう。

趙　現在、日本の軍事力はアジアでナンバーワンです。日本の軍備拡張の動きに対しては、南北ともに反対しています。特に北朝鮮は、日本の軍備は北朝鮮に向けられたものと解釈していま す。何か事件が起きるたびに日本が法改正を繰り返し、武力行使の可能性が大きくなることで、その軍事力が北朝鮮だけでなく、やがて中国やアジア全域に向けられるのではないかという危惧さえ抱いています。このように日本の軍事力が拡大していくと、いずれ南北が統一されたときに、日本と朝鮮半島の関係にまた別の緊張をもたらすでしょう。

朴 日本が北朝鮮の核開発やテポドンの発射を脅威と考えているように、北朝鮮もまた日本の軍事力増強の動きを脅威ととらえているわけですね。日本が軍備を増強し続けるかぎり、北朝鮮もそうした脅威に備えねばならないわけで、現在の日本の対応は北朝鮮のミサイル開発に口実を与えているだけだと思います。重要なことは、日本が北朝鮮から攻撃を受けない友好関係を築くことではないでしょうか。

金正日体制をどう理解すべきか

朴 日本では、北朝鮮イコール独裁国家というイメージが強くあります。金正日総書記がすべてを決定する個人独裁型国家といわれているのですが、そういう単純な図式で北朝鮮という国をとらえるのは、どうも私には違和感があります。

北朝鮮の指導部にも、硬直的な経済システムから脱却しようとする人々と、自由化を警戒し、食糧の輸入より軍事力の増強を優先する人々――つまり軍部のことですが――が存在し、「改革・

開放」をめぐる綱引きが行われているというのが実態ではないでしょうか。金正日総書記は両者の微妙な均衡の上に立つ調整者、バランサーであり、その力関係のなかで意思決定を行っているようにも思えるのですが。

趙 どんな国家でも、権力者というものはある種の調整役を果たさざるをえません。しかし、その調整の結果が正しいものであるかどうかはまた別の問題です。現在でも北朝鮮は「先軍政治」をスローガンにしています。まず軍事が最優先され、経済が従属するかたちで調整が行われる。先軍政治を掲げる以上、必然的に国家安全保障にかかわる人々の発言力が大きくなり、南北の協力や交流は国家安全保障に危険をもたらすという考えが主流になります。たしかに北朝鮮の指導部にも、経済を重視する人もいれば、安全保障を最優先して考える人もいます。しかし、それは個人個人の性向であって、そうした人々が派閥を形成しているわけではありません。

みな考え方は異なっても、金正日総書記への過剰な忠誠を抱いているという点で共通しています。南北関係、米朝関係、日朝関係についてさまざまな意見があっても、それはみな金正日体制を保つためにはどうすべきかという観点に立つものです。すべての基本は総書記への忠誠なのです。

朴 最後に、今後、金総書記が韓国を訪問する可能性はまったくなくなったのでしょうか。

趙 もう可能性はないでしょう。ただでさえ北朝鮮の保守派のあいだには、金総書記が外国へ行くのは危険だという声が根強くあります。そのうえ、先日行われた韓国の地方選挙で野党ハンナラ党が圧勝してしまいましたから、とても訪韓できる状況ではありません。

朴　金正日総書記が金大中大統領の在職中にソウルを訪問する可能性はなくなったかもしれませんが、南北双方の国民が平和共存から統一に向けた対話を望んでいることには変わりありません。一刻も早く、双方の代表が南北を自由に往来できる日がやってきてほしいものです。

（二〇〇二年七月）

第15章 どう見る日朝首脳会談

対談・**中西寛**

中西寛（なかにし・ひろし）
一九六二年生。京都大学大学院教授。冷戦後の日米安保とアジア・太平洋の国際関係などが研究テーマ。著書に『国際政治とは何か』など。

日朝首脳会談をどう評価すべきか

朴 今回、日本政府が安否確認を求めた一一人以外に、二人の生存者、さらに「死亡者」の情報を金総書記が伝えたことに、北朝鮮の変化を感じる。従来の北朝鮮なら生存者だけを発表し、「死亡者」は現在捜索中という形で答えただろう。ところが、北朝鮮はわれわれの想像を超えた情報を提供した。日本世論の批判を覚悟のうえで、拉致問題からの決別を覚悟しているのではないだろうか。テロ支援国家としての過去を断罪し、北朝鮮は変わるというメッセージを伝えたかったのではないか。

拉致事件に関する責任の取り方として、一九七二年の南北首脳会談でも同じ様なケースがあった。六九年の北の工作員による大統領府襲撃事件の時も、金日成《キムイルソン》主席は今回と同様に、一部工作員による犯行で自分は知らなかったと述べ、特殊工作部隊を処罰した。おそらく今回も拉致問題にかかわった軍部、特殊部隊を厳重に処罰して、事件を終息させるのではないか。おそらく自身が指令を下してやらせたとは言わないだろう。北のメンツを保ちながら、テロ国家から脱却するというギリギリの選択だったと思う。

中西　これまで無回答だったのが全員について答えを出したのは予想以上だったが、八人の方が亡くなっていたのは衝撃的だった。遺族らが強い感情を表現するのは当然で、拉致から亡くなるまでの経緯を明らかにする必要が北朝鮮にはある。しかし、日本が求めた一一人にとどまらず、あと三人の拉致の事実を認め、生存者については面会、帰国を積極的に行うと表明しているわけなので、金総書記の今回の首脳会談にかける真剣さがあることは率直に認めるべきだ。

外交面では、常に北朝鮮との交渉では金総書記にメッセージがどれだけ伝わっているかが問題となるが、今回の対応をみる限りでは、日本やその他の国が伝えていたメッセージがかなり正確に伝わっていた。拉致問題の進展がない限りは日朝の対話はありえないとした小泉首相や日本政府の立場をかなり正確にとらえていた。この点で日朝の対話の出発点になると、小泉首相が判断したのは妥当だと思う。

ただし、全般的な北朝鮮の対外姿勢の変化は数年前から始まっている。大きな流れのなかでは今回の北朝鮮の姿勢を過小評価も過大評価もすべきではない。現体制を守るという点において依然として強固さも見せている。一気に事柄が進んで変化するという観測は、事態を楽観しすぎている。

日本側が提起した問題に金総書記はすべて答えてはいるが、外交的な巧妙さを示していると思う。例えば、金総書記個人の責任を回避する言い方を拉致、不審船問題でも行っている。今後の布石とも考え得る安全保障問題についても同じことがいえると思う。

朴　北朝鮮の変化をどう読みとるのかが大切だ。日本では、金総書記の独裁との考え方が強いが、北朝鮮にも対外開放に積極的なハト派と、改革に否定的なタカ派（軍部）が存在する。両者のせめぎ合いの中で、金総書記が最終的に決断するという図式だ。今回の首脳会談の結末の取り方をみていると、かなり改革派の意見が吸い上げられ、すべて責任は軍部が負わされている。こうした結末の取り方はこれまでとは異なるものだ。これまで何か起こると、処分されてきたのは改革派の人々だ。今回は、工作船・拉致問題にしてもほとんどを軍部や特殊部隊に責任が負わされている。北朝鮮が対内的に揺れていることがみてとれる。

もう一点は北朝鮮の対外的な変化のシグナルだ。北朝鮮は二〇〇〇年からヨーロッパとの関係改善を進め、次に米国との改善に乗り出した。仮にゴア政権が誕生していたなら米国との関係も正常化していたかも知れない。その当時から北朝鮮は対外関係の改善に意欲的だった。ところが、誤算だったのはブッシュ政権が北朝鮮を「テロ支援国家」と認定したことだ。これで北朝鮮は対外政策を変更せざるを得なくなった。米国がアフガニスタンの次はイラク、その次は北朝鮮とターゲットを設定するに従い、北朝鮮は追い詰められていった。ここらへんで、米国と関係を修復していかないとまずいという改革派の突き上げがあったのではないか。ギリギリの選択のなかで金総書記は米国や日本との関係改善へのカードを引いたと思う。

北朝鮮の核・ミサイル問題への対応は

中西　共同宣言で注目すべきは、金総書記は拉致、工作船問題では率直に言っているが、それ以外のミサイル、核査察の問題でははっきりしたコミットメントはしていない点である。北朝鮮が安全保障、対外関係の最大の焦点を対米関係に置き、日本との安全保障対話は二次的と考えているからだろう。日本にとって最大の軍事的課題のミサイル配備問題についても、日朝関係が改善されれば問題ない、との言い方を金総書記はしているが、南北の対話をみても、軍事、安全保障問題ではなかなか進展しない経緯がある。やや悲観的かもしれないが、日朝二国間の安全保障の対話をしてみても、これまでの行動パターンからみると、安易にすべてのカードをだすとは思えない。北朝鮮が安全保障の問題に応じる姿勢を示し、日朝間で交渉の糸口ができたのは意味があったが、実質的な変化が起きるかどうかは今後のことだ。日本国民は高い期待を持つべきではない。

朴　北朝鮮にとって重要なのは日本ではなく米国だ。三八度線が休戦状況に置かれている限り、完全に武装解除することはない。本当の意味で安全保障を確立するには、米朝関係が決定的に改善されないと無理だ。

そうした意味で、小泉首相が今回の首脳会談で米朝関係の改善に通じる一石を投じた意味は大きい。だからこそ平壌宣言は過小評価できない。拉致、工作船問題の再発防止を約束した以上、今後の責任は金総書記にかかってくるからだ。最後のカードを引かせた小泉首相の政治手腕は評価できる。日朝関係はかなり緊張緩和に向かったが、米朝関係は依然不透明だ。米国の高官が北朝鮮を訪れ、ミサイルの凍結、核施設の査察を迫るだろう。そこで北朝鮮がどうでるかが、大きなポイントだ。

中西　北朝鮮の軍事脅威をなくすには、日米韓の結束が第一の要因になる。結束を強めるのに日本が今回のようにイニシアチブをとることや、米朝間の交渉を後押しすることが日朝対話と並んで重要。日米韓三国は北朝鮮に対して、冷戦を終え、新しい北東アジアの平和と安定を築くために、軍事に偏った国家の指導方針を変えていくよう導かねばならない。そのためには説得と威かくを続けること。軍事力行使を前面に掲げても、北東アジアの将来のためにも必ずしもよくない。力と交渉の両方の要素がないと、北朝鮮のような体制の国を平和的に変えていくことはできない。

中国、ロシアも押さえて北朝鮮が一つの方向に動くよう促すのが最もスムーズな行き方といえる。こうした観点を持ちながら、北朝鮮に対して慎重に出方を見ながら対応していくことだ。日本に必要なのは、日朝二国間の問題を踏まえながら、同時に国際秩序のなかで北朝鮮の変化を促していく方向での積極性だ。北東アジアの平和にとって最低限避けたいシナリオは、ルーマニアや旧ユーゴのような形で北朝鮮が崩壊するということ。この地域にとって大きな不安定要因と大きなコストをもたらすことになる。できる限り平和的な体制の移行という形をとることが、北朝鮮の人々の利益になるという観点をいかに北朝鮮の指導者に理解してもらうか。現時点で欧州のような包括的な地域機構を考える段階ではないと思うが、ある種の国際システムの中で考えることが必要だと思う。

日朝の経済協力のあり方は

朴　政策のミスや自然災害によって、百万人以上の人々が半飢餓状態にあるとの報告もあるように、北朝鮮の経済情勢は厳しい。経済を再生しようにも、北朝鮮には近代設備がなく、輸送手段といったインフラ整備も進んでいない。改革には、日韓をはじめとした西側諸国からの一定の経済協力が不可欠だ。今後の交渉は謝罪から補償へと続くだろう。私は、日本の戦後補償額は百億ドル前後になると見積もっているが、日本では、北朝鮮が「補償金」を経済再建に使うのではなく、軍備拡張に用いるのではないかという懸念の声が強い。

資金を提供するだけで、北朝鮮に自由に使ってくださいと言うわけにはいかないだろう。経済や技術の専門家と共に、監視団を北朝鮮に派遣し、厳格な管理下で北朝鮮の再建に協力する方法が考えられる。改革に日本が関与すれば、日朝の経済関係の緊密化にもつながるだろう。政治的、経済的に国際社会への仲間入りを果たすためにも、監視団の投入は不可欠だ。

中西　今回の北朝鮮への経済協力は、北東アジアの冷戦を終わらせるために使われる資金になる。だからこそ、軍事目的に使われないように配慮しなければならない。同時に、北朝鮮の経済を北東アジアの経済圏にどのように組み込んでいくのか考える視点が重要だ。例えば、韓国と北朝鮮を結ぶ鉄道の建設が進められているが、戦後補償をこのプロジェクトに結び付ける可能性もある。植民地支配に対する戦後補償を、過去の贖罪として見るだけでなく、未来を作る資金として位置づける観点も必要になる。

北朝鮮に対する今後の対応について

朴　大きな転機は、米国のイラクに対する攻撃のシグナルだ。米国単独でも「攻撃を開始する」との姿勢は北朝鮮に大きなショックを与えたはずだ。北朝鮮の経済はロシアと中国との関係が深いが、両国が日朝交渉に期待したのは日本の経済支援だ。安全保障上でも日ロ中韓が北朝鮮の改革、開放に向けて協力し、さらに米国も交えて、どのような国際協力機構を組織するのか考えるべきだ。

中西　北朝鮮側から見れば、米国から悪の枢軸の一角に入れられ、テロ事件後も慎重に対応してきたにもかかわらず、イラン、イラクと共に名指しされショックだったと思う。北朝鮮の体制が望ましくなく、北朝鮮の軍事的脅威が存在するとの認識は、日韓と米国は共通して持っている。だが、それを変えるために武力行使をするという考えに対して、地理的に近い日韓は、自国への被害を懸念することを米国は理解している。日韓が支持をしない限り、ブッシュ政権は、政治、軍事的にも、対イラクのような行動はとれない。

ただ、米国の強い圧力は、北朝鮮に変化を促す意味で有利に働いている。経済だけでなく、軍事的にも変革しなければ問題の解決にならないということを、北朝鮮に伝えなければならない。

朴　北朝鮮は、ミサイルを輸出用商品として開発してきた。ミサイル開発の凍結には、それに代わる商品開発が必要になってくる。米国は北朝鮮のミサイルが中東で使われるのを警戒している。日本は経済協力が北朝鮮のミサイル開発の凍結につながり、米国の利益にもなると、米国を説得すべきだ。

中西　今夏、韓国と北朝鮮の間で発生した銃撃戦の影響で、米国と北朝鮮間の交渉は延期されているが、日朝交渉の結果を見て米国は動くだろう。今回、北朝鮮はミサイルと核について触れたが、従来の姿勢とくらべて変化はない。期限なしのミサイル発射凍結とは、言い換えれば、いつでも開発を再開できるわけだ。取引のカードとして、ミサイルを残したといってもいい。

朴　金正日体制を支えたのは軍部だ。これまでは、軍部に所属している限り、貧しいながらも飯を食っていくことができた。ところが、成果主義の導入で、食えない軍人が出てくる可能性が出てきた。拉致問題や不審船事件について、金総書記は責任を軍部に押しつけたが、不安定な軍の動向が気がかりだ。万に一つの可能性だが、クーデターの発生も考えられる。いくら独裁政権だとはいえ、かじの取り方を間違えれば、北朝鮮の現体制はひっくり返る。金総書記の統率力に注目したい。拉致され亡くなった人々の悲痛な死を無駄にしてはならない。そのためにも再び国家的テロを起こさせないよう、東アジアに安定と平和の経済圏を構築するという発想が政治家に求められている。

中西　生存者の帰国や面会などについて早急に対処し、国民感情を受け止める努力も政府には必要だ。逆に国民は悲しみと怒りを外交に持ち出して良い結果を生まないことも理解する必要がある。

（二〇〇二年九月）

第16章　小泉訪朝をどう評価すべきか

はじめに

J「五人の方々のお子さんたちを早く日本に帰し、日時を含めて確約すべきだ」

K「拉致の問題については、首脳会談で金正日《キムジョンイル》国防委員長が謝罪し、再発防止を約束した。また調査についても協力すると言った。誠実にこれまで約束に従って、やるべきことをやってきた。この問題は大筋で解決したと思っている。それ以外のいろいろな問題は実務的に集中して議論したほうがいい」

J「ちょっと待ってほしい。大筋で解決したと言うが、日本側はまったくそういうふうに認識していない」

K「五人の帰国については、いったんは平壌に戻すという約束があったのに、日本側は約束を破っている。約束通り、いったん戻って子どもと話すことがスムーズな解決につながる」

J「約束を破ったと言うが、もともと元凶は何かと考えれば拉致という犯罪があったわけで、二四年間にわたって離ればなれになっていたご本人とご家族がようやく日本で再会できた。これでまた平壌に戻ったら、もしかして会えなくなるかもしれない、という思いがあることを分かってもらわなくてはならない……」

二〇〇二年一〇月二九日、マレーシアのクアラルンプールで再開された日朝国交正常化交渉のひとこまである日本代表団の鈴木勝也大使と北朝鮮代表団の鄭泰和《チョンテファ》大使の激しいやりとりのなかに、拉致問題の解決をめぐる日朝間の認識のズレがうかがえる

金総書記の謝罪で拉致問題は「大筋で解決した」ととらえる北朝鮮に対し、五人の拉致被害者とその家族を永住帰国させるまで解決はないと考える日本。「約束通り、帰国した拉致被害者をいったん北朝鮮に戻せ」と迫る北朝鮮に対し、「約束でも、戻すことはできない」と主張する日本。こうした拉致問題への対応の一つ一つをとってみても、日朝間の合意形成がいかに困難であるかが分かる。

もちろん日本政府も、五人を平壌に戻すという約束を破棄した時点で、北朝鮮側のある程度の反発は覚悟していたに違いない。だが、北朝鮮側が想像以上に態度を硬化したために、拉致被害者家族の帰国日程など、今回の交渉では踏み込んだ話し合いを進めることはできなかった。政府関係者からは、「トンネルの出口は見えない」という悲痛な声も聞かれる。果たして、このままで拉致問題は解決できるのだろうか。

北朝鮮から大幅な譲歩を引き出した小泉訪朝

日本政府が強硬路線へ舵を切ったことで、外務省が水面下で築いてきた北朝鮮との「対話路線」が途切れてしまう可能性も出てきた。それでも日本政府が強気なのは、瀬戸際に立っている北朝鮮は、かならず日本の要求を受け入れると考えているからだ。

確かに、小泉政権は今回（二〇〇二年九月）の訪朝で北朝鮮から大幅な譲歩を引き出すことに成功した。「平壌宣言」を改めて読み返すと、これまでの日朝間でことごとく対立してきた懸案事項の大部分が、日本側の主張でまとめられていることが分かる。

まず、「宣言文」における「過去の謝罪」については、「植民地支配によって、朝鮮人の人々に多大の損害と苦痛を与えたという歴史の事実を謙虚に受けとめ、痛切な反省と心からのおわびの気持ちを表明する」という一九九五年の「村山談話」の内容がほぼそのまま踏襲されている。二〇〇〇年四月の第九回の日朝会談で、北朝鮮が「謝罪については、村山談話では不十分」と日本側を批判していたことを考えると、これは北朝鮮側が日本側の提案をしぶしぶ受け入れた文案に他ならない。

「過去の清算」に伴う「補償」についても、「財産及び請求権を相互に放棄」し、「無償資金協力、低金利の長期借款」などの経済協力方式で対応するという、これまでの日本側の主張がそのまま「宣言」に盛り込まれている。やはり、北朝鮮側が要求してきた賠償や補償には応じられないという日本側の方針に北朝鮮が従った内容だ。(1)

懸案であった北朝鮮の「核・ミサイル」問題はどうだろうか。「平壌宣言」のなかで、北朝鮮は「核問題の包括的な解決のため、関連するすべての国際的合意を順守する」とし、「ミサイル発射のモラトリアムを二〇〇三年以降も更に延長していく」ことを表明している。これは、「核問題の相手は米国とIAEAであり、日本は関係ない。ミサイル開発も自主権に属する問題であり、日本が口出しすべき問題ではない」（第九回日朝本会談、二〇〇〇年四月）と主張してきた北朝鮮のこれまでのスタンスとは大きな違いである。ここでも、ミサイル発射実験停止の継続を求めた日本側の提案を、北朝鮮が文面上は受け入れた格好だ。

日本側から見て、「平壌宣言」に問題点があるとするなら、「宣言文」に拉致や工作船という、言葉を入れることができなかったことぐらいだろうか。とはいえ、「宣言文」では「日本国民の生命と安全にかかわる懸案問題については、北朝鮮は今後再び生じることがないよう適切な措置をとる」という表現で、北朝鮮側に拉致や工作船事件の再発防止を約束させている。これまでかたくなに関与を否定してきた拉致や工作船の問題でも、金正日政権は日本側の要求をあっさり受け入れ、事実を認め謝罪したわけである。

北朝鮮が日本の要求を受け入れた背景

過去の日朝交渉では絶対に日本に譲歩することがなかった北朝鮮が、なぜここまで日本側の要求を受け入れたのだろうか。そこには、北朝鮮が置かれている内外の厳しい状況がある。

その一つは、北朝鮮への攻撃を視野に入れ始めた米国の朝鮮半島政策の脅威である。周知のように、ブッシュ政権は、クリントン政権時の北朝鮮に対する融和政策を破棄し、イラン、イラク、北朝鮮を「悪の枢軸」とみなして、彼ら「テロ支援国家」への単独攻撃もありうることを示唆してきた。こうした米国の軍事的脅威を軽減するために、対外的に「拉致」や「工作船」の過ちを認め、「再発防止」を表明しておくことで、「テロ支援国家」の汚名を返上したいという北朝鮮の思惑が、日本への譲歩につながったと考えられる。

北朝鮮を全面的な譲歩に追い込んだもう一つの事情は、深刻な経済危機である。北朝鮮では、一九九〇年代に入ってから度重なる大洪水や干ばつで農家が壊滅的な打撃を受け、それ以来、深刻な食糧不足が続いている。ＷＦＰ（世界食糧計画）の調査では、年間約一三二万トンの食糧が不足し、餓死や飢饉による病人が続出しているという報道もある。

二〇〇二年七月、北朝鮮は大掛かりな経済改革をスタートさせ、その一環として社会主義経済体制の根幹である配給制の見直しを宣言した。これは、積極的な政策転換として配給制を廃止したというよりも、食糧などの生活必需品を国家が支給できないほど深刻なモノ不足に陥っているために、配給制を維持できなくなったと解釈したほうがよい。それほど北朝鮮の食糧不足は深刻なわけである。今回の改革で、公定価格を実勢価格に近づけたのも、やはりヤミ市場に出回った物資を、品不足に悩まされている表市場に引き戻すためである。

理由はともかく、北朝鮮が本気で改革を進めようとしていることは間違いない。工場や農家に成果主義を取り入れ、労働者の賃金を大幅に引き上げることで、勤労意欲を高めて北朝鮮全体の生産性を向上させるという計画もある（『朝鮮新報』二〇〇一年八月五日）。さらに新義州《シンイチュ》に特別行政区を新設し、西側世界から民間資本を誘致することも検討している。こうした改革案から、金正日政権の「改革・開放」への並々ならぬ意欲がうかがえる。

しかし計画を軌道に乗せるには、国際金融機関からの支援のみならず、西側世界からの大規模な資本の誘致が不可欠である。とはいえ、現実的選択肢として北朝鮮が大規模な経済協力を期待できる国は、韓国を除けば日本しかいない。韓国が太陽政策にいきづまりを見せた今、改革を成功させて難局を乗り切りたい北朝鮮としては、どれだけ譲歩しても、日本から経済援助を引き出したいところだ。そうした意味で、今回の日朝交渉は、北朝鮮の生き残りを賭けた闘いであるといえる。

なぜ日朝交渉は決裂したのか

要するに、北朝鮮としては、日朝間のほとんどすべての懸案処理において、日本側の要求を受け入れたわけである。外交ではめったに譲歩しない北朝鮮が、自国の要求をほとんど引っ込めて、日本主導の「平壌宣言」に調印したのは、ひとえに日本側からの経済援助を期待してのことであった。

しかし、クアラルンプールで再開された日朝交渉では、最後まで日本側から経済協力に関する具体案が提起されることはなかった。むしろ日本政府は、帰国させた五人の拉致被害者を一度は北朝鮮に戻すという日朝間の約束を破棄し、五人をそのまま永住帰国させるという強硬策に出た。

それは、日朝交渉では北朝鮮との合意形成よりも拉致被害者の家族や世論の意向を優先するという、日本政府の方針転換を北朝鮮に告げるものであった。

だが、これまで譲歩を重ねてきた北朝鮮も、日本の一方的な方針転換に同意しなかった。北朝鮮が「過去の過ち」について賠償や補償を求めず、日本人拉致被害者の安否情報を提供し、彼らの一時帰国に応じるなら、日本も北朝鮮との国交を正常化し、経済協力に応じてくれると、北朝鮮代表団は交渉の直前まで考えていたからである。

当然、交渉は物別れに終わった。国交正常化にあたって拉致問題の解決を最優先課題と考える日本と、まず何よりも経済協力を通じた「過去の清算」の具体化を求める北朝鮮が、お互いに譲らず、話し合いは平行線をたどったからである。すでに述べたように、日本代表団の鈴木大使が拉致被害者家族の帰国日程の確約や、「死亡」とされた拉致被害者に関するさらに詳細な調査を求めると、「謝罪に加え、再発防止を約束し、調査にも協力」してきた北朝鮮代表団の鄭大使は、拉致問題については「大筋で解決した」と述べた。その後、鄭大使は「自分の父は日本兵に殴られて死んだ」と語り、植民地時代を通じて多くの朝鮮人が拉致・連行・強制連行された「過去」に対する日本の責任放棄こそ問題だと、鈴木大使に詰め寄ったという。

双方とも被害者ではなく、加害者の視点を

こうした北朝鮮側の考え方に反発する日本人もいるだろう。過去の戦争中に起こった強制連行

と平和な現在の拉致問題を比較できないという意見もある。だが、拉致事件も強制連行も、国家暴力によって個人の人権が侵害された点では共通しており、平時であろうとなかろうと、暴力をふるった国家が被害者である個人に謝罪と補償を行うのは当然であり、義務でもある。にもかかわらず、こうした懸案がなかなか解決しそうにないのは、なぜだろうか。

理由の一つは、両国が拉致問題の解決と「過去の清算」に伴う経済協力を、それぞれ交渉を有利に進める外交カードとして利用しているためである。膠着状態に入った交渉を進展させるためには、懸案解決を相手から外交カードとして利用されにくい状況をつくることが大切だ。拉致問題への対応を北朝鮮に取引材料として利用させないためには、日本側も「過去の清算」に伴う経済協力を取引の材料として使うべきではない。次回の交渉で、日本側は北朝鮮から「過去の清算」のボールを投げ返されないためにも、まず北朝鮮に経済協力の具体的ビジョンを示すことが肝要だ。

懸案がなかなか解決されないもう一つの理由は、両国とも加害者意識より被害者意識が強く、加害と被害の関係が国と個人の関係ではなく、国対国の関係にすり替えられているからである。「拉致問題の解決が先か、それとも強制連行への補償が先か」という平行線の議論から抜け出すためには、両国とも加害者としての事実を重く受けとめ、謝罪と補償の対象が被害を受けた国でなく、被害者個人に向けられるべきことを強く意識する必要がある。

したがって、日本政府は北朝鮮に対する経済協力以上に、植民地時代に日本に徴用されたまま行方不明になっている数百人の朝鮮人に関する安否調査や、北朝鮮国内の元日本軍慰安婦ならびに朝鮮人被爆者への謝罪と補償に力を入れるべきである。[2] 北朝鮮もまた、拉致被害者とその遺族に対して誠意ある対応を行う必要がある。被害者家族の帰国のみならず、死亡とされた被害者に関して詳細な調査を行い、遺族が納得できる報告書を提出しなければならない。

国交正常化なくして、拉致問題の解明もない

とはいえ、どういった状況まで進めば拉致事件の解決とするかは難しい問題である。北朝鮮が最終的に拉致被害者家族の帰国や死亡とされた拉致被害者に関する再調査に応じたとしても、拉致事件にかかわったとされる容疑者の引き渡しや、新たな拉致被害者に関する調査になると難色を示す可能性もある。拉致事件の追及が長期化すれば、「日本に正常化の意思はない」と判断した北朝鮮から交渉を打ち切られることも考えられる。そうなると、拉致問題への対応そのものが止まってしまう。国家機密が絡んだ拉致事件の真相を解明することがいかに難しいかは、一九七三年に起こった金大中《キムテジュン》氏の拉致事件の全容が未だに解明されていないことを考えれば明らかである。日本政府は、拉致事件に対する北朝鮮の対応にある程度のめどをつけて、交渉を妥結する覚悟が必要ではないだろうか。

拉致問題の真相を徹底的に解明するためには、日朝両国の関係者が自由に往来できる道筋をつくることが必要だ。日本の警察の現地調査も、国交正常化があって初めて可能になる。そうなれば、死亡とされた拉致被害者の遺族も、現地の関係者から被害者に関する生の情報を集めること

ができる。やはり、国交正常化なくして拉致問題の解明はない。
拉致被害者たちの悲劇を無駄にしないために、われわれができることは何か。それは、こうした悲劇が二度と起きない和平のシステムを日朝間につくり出すことではないだろうか。今こそ、私たちは、多くの朝鮮人が日本に「強制連行（労務動員）」されたり、ごく普通の日本人が北朝鮮に拉致されるという二十世紀の不正常な日朝関係に終止符を打たなければならない。今、私たちに問われているのは、過去や現在の悲劇を教訓にして、未来に再び起こるかもしれない悲劇を回避する和平の秩序を、この地域につくり出そうとする英知と努力である。

（二〇〇三年一月）

注

（1）これまでの日朝交渉で、北朝鮮は一貫して抗日パルチザン運動を根拠に「日本と北朝鮮は交戦状態にあった」として、戦勝国の立場から敗戦国の日本に賠償を要求し続けてきた。さらに北朝鮮は、「三党共同宣言」で日本側が同意した「戦後四十五年間の償い」について、日本側に補償を要求したこともあった。

（2）これまでの日朝交渉で、北朝鮮が日本側に安否確認を求めた朝鮮人行方不明者の数は三六四人にのぼる。彼らの大部分が植民地時代に日本に徴用された人々である。また北朝鮮政府が確認した同国内の元日本軍慰安婦は二一八人（うち二一人死亡）いるが、彼女たちは日本側が設立したアジア女性基金からの償い金の受け取りを拒否している。さらに北朝鮮で確認されている被爆者は一九五五人おり、彼らの大部分は高齢者で日本への渡日治療が困難なため、日本側に専門医の派遣を求めている。

第17章　多国間協議で米朝衝突は回避できるか

はじめに

イラク戦争終結後、米国防総省の関心は、次のターゲットである北朝鮮に向けられている。北朝鮮の対応次第では、朝鮮半島でも米軍が軍事力を行使する可能性が出てきたからだ。

すでに米軍は、イラク戦争でも活躍したＦ１１７ステルスなどの最新鋭の戦闘機を韓国の群山《クンサン》基地に配備。浦項《ポハン》沖合には戦闘ヘリや水陸両用戦闘車を載せた強襲揚陸艦エセックスなどの米艦隊を待機させている。さらに釜山《プサン》後方の日本海には、原子力空母カールビンソンが配置され、対地攻撃に備えた艦載機がすぐに朝鮮半島全土に飛来できる態勢も整っている。二〇〇三年三月に行われた米韓合同軍事演習「フォール・イーグル」では、こうした空母戦闘群や強襲揚陸即応群が参加し、敵の手に落ちた韓国領土を奪還するというシミュレーションで大規模な演習が実施された。いつでも北朝鮮軍との戦闘に応じられる状態だ。

北朝鮮軍との戦闘を想定した米韓軍事演習を控え、米朝関係が緊迫する二〇〇三年二月下旬、筆者はワシントンを訪れた。訪米の目的は米国の新聞社主催の「朝鮮半島の安全保障に関する国際シンポジウム」に参加することであったが、現地でインタビューを試みた米国の政府関係者から、ブッシュ政権の北朝鮮政策の実情についてさまざまな情報を得ることができた。

ブッシュ政権誕生後、米朝関係は悪化の一途をたどってきたが、米国は北朝鮮の核問題と今後どう向き合っていくのか。両国が一九九四年のような劇的な合意に至る可能性はあるのか。それとも場合によっては、イラクと同じように北朝鮮にも軍事力を行使する計画はあるのか。北朝鮮問題に携わる米国務省やシンクタンクのキーパーソンから話を聞いた。

米国が強硬姿勢に転じた理由

国務省でインタビューに応じてくれたのは、現役の北朝鮮担当官であるジョン・メリル氏である。彼は、米国でも数少ない北朝鮮問題のスペシャリストで、国務省の対北朝鮮政策の立案者の一人でもある。筆者は以前から感じていた米国の対北朝鮮政策に関するいくつかの疑問を彼にぶつけてみた。

Q　そもそもブッシュ大統領が、前クリントン政権下で展開されてきた北朝鮮との宥和政策を破棄し、強硬姿勢に転じたのはなぜか。クリントン政権の対北朝鮮政策は間違っていたと判断しているのか。

A　政府内には前クリントン政権の対北朝鮮政策は誤りだったという意見もあるが、私はそうは思わない。九四年危機に対して米国政府がとった「枠組み合意」という選択は決して間違いではなかったと考える。米国は、北朝鮮が核開発を凍結する見返りに、KEDOが北朝鮮のために軽水炉二基を建設することに同意し、米国も彼らに対し年間五〇万トンの重油提供を約束した。これらの措置は、危機を回避するための妥当な選択であったといえるだろう。

だが結果的にこうした約束は守られなかった。北朝鮮は九四年以降もそれ以前と変わらず核開発を計画していたのである。米国が約束を破った北朝鮮に対し重油提供をストップするのも当然だ。

Q　北朝鮮は、核開発計画の根拠を韓国での大規模な軍事演習など同国と対決姿勢を強めるブッシュ政権の軍事的挑発に求めているが。

A　北朝鮮は米国の軍事力を警戒しているというが、米国や西側の同盟国も北朝鮮の核開発に大きな脅威を感じている。双方がこの点を理解しなければならない。

北朝鮮の軍部は信用できない

Q　前クリントン政権下では、エネルギー・食糧支援などの宥和政策が核をはじめとする北朝鮮の軍事力を最終的に溶解させると考えられてきた。実際、ペリー・プロセスや韓国の太陽政策に呼応して、当時、北朝鮮の改革派はEU諸国やカナダと国交を結んだり、対外開放的な経済改革を進めるなど、積極的な「改革・開放」政策を進めることに成功してきた。
だがブッシュ政権の強硬策が対外開放に否定的な北朝鮮の軍部の発言力を高め、北朝鮮の「改革・開放」政策を挫折に追い込んだという批判も聞かれるが。

A 北朝鮮政府の指導部の中にも改革派のグループが存在し、「改革・開放」政策を進めてきたのは事実である。だがこうした改革派の試みは、核開発という軍部の火遊びで挫折せざるをえなくなった。強い軍事力を持つためには強い経済力を持たねばならないという合理的選択を、北朝鮮の軍部はできなかったわけだ。彼らは、軍事力増強のために「改革・開放」を進めるという判断で改革派との取引に応じた中国の軍部よりも、むしろ「改革・開放」に一貫して否定的だったロシアの軍部に近い。北朝鮮の改革派の努力に期待したいが、北朝鮮の軍部は信用できない。彼らが九四年の「枠組み合意」を守るとも思われない。

Q 北朝鮮がこのまま核開発を断念しないなら、米国が北朝鮮の核施設にピンポイント攻撃を行うという最悪のシナリオも考えられるのか。

A 米国人は誰も北朝鮮との軍事衝突は望んでいない。平和的に解決できればそれにこしたことはない。だが北朝鮮の態度次第では、彼らの核施設をピンポイント攻撃するという選択肢もありうるだろう。

Q 北朝鮮は米国と「相互不可侵条約」を締結することができれば、核開発を凍結すると言っているが。

A　今日の安全保障は軍事力を拡大するだけでなく、国際社会と協調していくことが重要だ。北朝鮮がこうした考え方を学ばない限り、問題は解決しない。ロシアも中国も北朝鮮の核武装を望んでいない。米朝対話を再開させるには、北朝鮮がまず核開発計画を破棄しなければならない。

穏健派と強硬派の攻防

ブッシュ政権内の北朝鮮政策は、国際社会の要請を踏まえて北朝鮮との対話を重視する穏健派と、国際包囲網を構築して北朝鮮を封じ込めようとする強硬派の間で揺らいできた。穏健派の代表はパウエル国務長官やアーミテージ国務副長官などハト派グループで、彼らはクリントン前政権の「関与政策」を尊重し、外交努力によって北朝鮮の核問題を平和的に解決する道を模索してきた。

一方、強硬派の代表は、イラク戦争で主導権を握ったラムズフェルド国防長官やウォルフォウィッツ国防副長官などのネオ・コン（新保守）に属するタカ派グループで、核開発を計画する北朝鮮に対して厳しい経済制裁を求めてきた。

とはいえ、穏健派や強硬派の対北朝鮮政策も一枚岩ではない。穏健派の中にも多国間の枠組みを通じた北朝鮮との対話を主張する人もいれば、北朝鮮に対して懲罰も加えないが、ことさら報酬も与えない「無視（放置）の政策」を行うべきだと主張する者もいる。また強硬派も北朝鮮に対する経済制裁から核施設への「外科手術的攻撃」まで、対応の選択肢は多様だ。

国務省の北朝鮮担当官は、こうした「外交」「無視」「経済制裁」「攻撃」などの多様な選択肢を一つに絞るのではなく、北朝鮮の状況を見極めつつ、あらゆる対応がとれる準備をしておくことがわれわれの仕事だと主張する。北朝鮮との「軍事衝突」に備える一方で、北朝鮮と「外交」努力も継続するというわけだ。

とはいえ、彼らの主張する「外交」とは、北朝鮮と「交渉（negotiate）」するのではなく、北朝鮮が核兵器の開発計画を廃棄するプロセスについての「話し合い（talk）」を求めるというものだ。これは、クリントン政権時の「関与」政策とは基本的に異なる。核開発計画阻止のために北朝鮮との「取引」には応じないというのが、強硬派と穏健派で唯一共通する認識だ。

予想された「枠組み合意」の破綻

北朝鮮との直接対話の道が閉ざされた現在、米国の対北朝鮮「外交」で大きな役割を演じているのはシンクタンクである。北朝鮮の核問題の平和的解決を望むブッシュ政権内の穏健派グループは、政府と強いコネクションをもつシンクタンク研究者を第三国に派遣し、北朝鮮当局者と水面下の接触を続けてきた。彼らは、こうした米国の北朝鮮政策の現状をどのように見ているのだろうか。

米国で最も権威あるシンクタンク、ＣＳＩＳ（戦略国際問題研究所）の前副所長を務めたウィリアム・テイラー氏に話を聞いた。テイラー氏は過去四回、北朝鮮を訪問しており、故金日成《キムイルソン》主席や金正日《キムジョンイル》総書記と会談を行った数少ない米国人の一人である。またパウエル国務長官は、国防大学教授時代の教え子で、現在も交流が続いているという。

Q　ブッシュ政権のこれまでの北朝鮮政策をどう見るか。

A　二〇〇二年一〇月、ケリー国務次官補が訪朝し、北朝鮮が米国の指摘した核開発計画を認めてから、米国は北朝鮮への重油供給の凍結を決定する一方、北朝鮮は核施設の稼働・建設再開を表明するなど、九四年の「米朝枠組み合意」は完全に形骸化してしまった。そもそもブッシュ大統領はケリー次官補が訪朝する前から、北朝鮮をイラン、イラクとならぶ「悪の枢軸」と呼び、最初から「米朝枠組み合意」を守る国とはみなしていなかった。

ブッシュ政権を支えるネオ・コン・グループの強硬派は、「枠組み合意」が北朝鮮に重油や軽水炉などのアメを与えるばかりで、逆に独裁体制を存続させ、核開発を助長させてしまったと考えている。彼らにとって「枠組み合意」の破綻は予想された展開であったといえるだろう。

対話こそ解決の道

Q　ブッシュ政権内の強硬派は、クリントン政権の時から「枠組み合意」に懐疑的だったということか。

A　そもそもクリントン政権の時代から共和党のタカ派グループは、金正日政権自体が軽水炉完成目標の二〇〇三年までもたないと考えていたようだ。韓国政府の太陽政策による経済支援がなければ、金正日政権は今まで持ちこたえることはできなかったと彼らは思っている。彼らは太陽政策によって極東アジアにおける米国の支配的な地位が揺らぎ始めたことに脅威を感じていたようだ。

Q ブッシュ政権は小泉訪朝をどのように評価しているのか。

A 北朝鮮との対話に前向きな穏健派と、北朝鮮を封じ込めようとする強硬派とでは評価が異なるが、少なくとも強硬派の連中は、韓国や日本が米国の頭越しに北朝鮮と取引することを快く思っていない。彼らは、「平壌宣言」を結んだ日本から大規模な経済支援が北朝鮮に行われると、金正日政権の核やミサイル開発が強化されるのではないかと警戒している。ブッシュ政権がかなり早い段階で北朝鮮の核開発計画の情報を入手していたにもかかわらず、あえて小泉訪朝後にその事実を公表したのは、「平壌宣言」を有名無実化させるためであったと考えられる。

Q 米朝関係を好転させる方法はないのか。

A 北朝鮮が米国との直接対話を望んでいるのに、ブッシュ政権がそれに応じないのは誤りだ。米国が多国間協議にこだわり、北朝鮮の呼び掛けを無視し続ければ、彼らの挑発行為はさらにエスカレートしていく可能性もある。

私が九二年に平壌を訪れた時、「重要な話がある場合は、北朝鮮の国連代表部の窓口を通すのではなく、直接私と話をすべきだ」と金日成主席が言っていたことを思いだす。最終的に米朝関係を修復するには、やはりパウエル長官かアーミテージ副長官クラスが平壌を訪問し、金正日総書記とトップ会談を行うしか方法はないだろう。

いずれにしても、北朝鮮と核問題の平和的解決に向けた何らかの協議ができるように、北朝鮮当局と接触を続けていくことが重要だ。


CSISのメンバーは二〇〇三年二月にもドイツで北朝鮮の外務省関係者と非公式に接触し、核問題の解決に向けた話し合いを行っている。関係者の話では、CSISのジョエル・ウィット上級特別研究員と北朝鮮外務省の外郭団体「軍縮平和問題研究所」研究員が一〇時間にわたって意見交換を行ったという。

また同年三月三一日には米国務省のプリチャード朝鮮半島和平協議担当特使と北朝鮮の韓成烈《ハンソンリョル》・国連代表部次席大使がニューヨークで会談。米国側は核問題の解決に向けた多国間協議の開催に応じるよう北朝鮮に再度要請し、北朝鮮側も接触の継続を望んだと報道されている（『朝日新聞』二〇〇三年四月五日）。

こうした水面下の交渉が功を奏したのか、同年四月一二日、北朝鮮の外務省スポークスマンは「米国が対朝鮮政策を大胆に転換する用意があるなら、われわれは対話の形式にはさしてこだわらない」と表明し、米国が主張してきた多国間協議に応じる姿勢を初めて示した。

これまで北朝鮮は一貫して米国との直接協議を主張し、多国間協議には応じないという主張を貫いてきた。北朝鮮が完全に米国に譲歩した形だ。北朝鮮がいつまでも多国間協議を受け入れない場合は、北朝鮮への「経済制裁」や核施設への攻撃をという声も米国政府内で高まっていただけに、北朝鮮の選択は体制存続をかけた勇断であったといえる。

米朝中三者協議の行方

北朝鮮の申し入れを受け、米国政府はさっそく北京で米国、北朝鮮、中国の三カ国による政府高官会議を開催することを決定した。当初、米国政府は日本政府の提案を受けて、米朝中の三カ国に日韓とロシアを加えた六者協議も考えていたが、参加国をできるだけ限定したいという北朝鮮の意向に配慮して三カ国に限定したという。北朝鮮としては、朝鮮戦争でともに米国と戦った中国なら、北朝鮮の立場から米国の説得に回る仲介役として適役であり、また米国としても北朝鮮の核武装に否定的な中国を加えることで米国に有利な多国間協議の体裁を整えることができる。まさに米朝中の組み合わせは、米朝双方の面子を保つ絶妙の選択であった。

だが三者協議ですんなりと北朝鮮の核問題が解決するとも思われない。米国は三者協議の場で、「北朝鮮を攻撃しない」ことを条件に寧辺《ニョンビョン》の黒鉛炉などすべての核施設の即時解体と高濃縮ウラン計画完全放棄を迫るつもりだが、北朝鮮は「国連決議に従って査察を受け入れ、武装解除を始めた」イラクを結局攻撃した米国に強い不信感を持っている。米国は不可侵条約ではない他の形で金正日体制の保証を与える方策を検討中というが、その中身は定かでない。

また、北朝鮮が「北への不可侵」の保証だけで核武装を断念するとも思われない。北朝鮮は体制存続のために、米国に核を放棄する見返りを求めるだろう。米国務省は「もし北朝鮮が真剣に核問題と取り組めば、大胆な提案を検討する」と、北朝鮮との交渉に柔軟な姿勢を示しているが、米政府内の強硬派は北朝鮮との取引に応じる気配を見せていない。国務省が今一番恐れているのは、北朝鮮との交渉が国内強硬派の圧力で形骸化されてしまうことだ。米国がこうした国内の葛藤を抱えたまま北朝鮮との対話に臨むなら、協議は決裂し軍事衝突の引き金にもなりかねない。怖いのは、体制存続を望む北朝鮮よりも、体制崩壊を願う米国強硬派の暴走かもしれない。

（二〇〇三年六月）

第18章　米朝中三者協議に期待する

二〇〇三年五月、対立してきた米朝が中国を介してようやく対話のテーブルについた。東アジアの平和と安定にとっては喜ぶべきニュースだが、北朝鮮が「核の保有」を宣言したことで、問題解決をさらに複雑化させることになった。

というのも、北朝鮮が本当に核を保有しているなら、これまで対話を通じて北朝鮮に「核開発の放棄」を迫ってきた米政府穏健派の外交努力が無駄であったことが証明されてしまうからだ。これは北朝鮮には「対話は通じない」とする強硬派の論理を正当化し、北朝鮮への経済制裁や核施設への攻撃を米国に踏み切らせる格好の口実を与えることにもなる。こんな危険を承知の上で、北朝鮮が「核保有」を宣言したのはなぜだろうか。

今回の三者協議では、北朝鮮が「核を放棄する前に体制保証と重油提供の再開」を求めたのに対し、米国は「北朝鮮を攻撃しない」ことを条件に「核開発計画、保有核兵器の廃棄、解体が先決」と指摘し、「北朝鮮が目に見える形で核を放棄した後なら、大胆な措置をとる可能性もある」

と述べたといわれている。

だが米国が北朝鮮を信用していないのと同様、北朝鮮もこうした米国の提案を信用していない。米国が「国連決議に従って査察を受け入れ、武装解除を始めた」イラクを結局攻撃したからだ。北朝鮮のメディアからは「核施設を解体した途端に米軍の餌食になる」という声も聞かれる。米国の高官が政権スタッフに「金正日《キムジョンイル》総書記ら指導部の追放をめざす」という機密メモを配布したり（『ニューヨーク・タイムズ』紙、二〇〇三年四月二一日）、米国が在韓米軍基地にイラク戦争でも活躍した最新鋭の戦闘機F117ステルスを配備しているという情報も、北朝鮮の核武装に口実を与えている。北朝鮮としては、米国の先制攻撃を阻止できるのはもはや「核保有」しかないという判断である。

これからの協議では、米朝双方がまずこうした不信感をどのように払拭していくかが問われることになる。協議が核問題の平和的解決につながることを期待したいが、双方が不信感を取り除くことができなければ、米朝間の対立を激化させる可能性もある。

ブッシュ政権は、北朝鮮への対応として外交、無視、経済制裁、外科手術的攻撃の四つの選択肢を準備していると言われている。強硬派のなかには、協議が決裂すれば、北朝鮮への経済制裁や核施設へのピンポイント攻撃もやむを得ないと考えている者もいる。

しかし、これは日韓にとっては最悪の選択である。経済制裁で北朝鮮が自然崩壊すれば、北から数百万人の経済難民が日韓に押し寄せるだろうし、核施設への攻撃は北朝鮮からの報復攻撃を招く可能性もある。

こうした最悪のシナリオを回避するためには、時間がかかっても北朝鮮と対話を続け、彼らの警戒心を解きほぐして核武装のよろいをぬがしていくほかない。協議から排除された日韓も経済協力という切り札で北朝鮮に核放棄を迫るとともに、米政権にも経済制裁や攻撃が望ましい選択でないことを、明確にアピールしておく必要がある。金正日政権を崩壊させるのは簡単かも知れないが、その代償が高くつくのは米国ではなく、日本と韓国であることを、日本の政治家は肝に銘じておく必要がある。

（二〇〇三年五月）

第19章　前途多難な六者協議

二〇〇三年八月、北朝鮮の核問題をめぐる六者協議（米朝と日韓中ロ）が、三日間の日程を終え閉幕した。「核問題の解決に向け対話を継続する」ことなどを盛り込んだ「共通認識」が発表されたが、米朝の主張の隔たりは縮まらず、両国の激しい応酬は今後の協議の多難な前途を暗示するものだった。

けれども、協議の収穫がまったくなかったわけでもない。まず協議の主役である米国は、北朝鮮を多国間協議の場に引きずりこみ、対話と交渉を通じて金正日《キムジョンイル》政権に核放棄を迫る国際包囲網の枠組みを構築することができた。これは、北朝鮮が核拡散防止条約（NPT）脱退宣言を行ってから、北朝鮮の核問題を制御する国際的な取り決めがなくなってしまった現在、東アジアの安全保障面で大きな意味をもつ。

一方、北朝鮮も「懸念される安全問題の解決（米国から攻撃されない保証）」や、北朝鮮が提起した「米国が重油や食糧を提供すれば、北朝鮮が核計画放棄の意思を表明し、米国が米朝不可侵条約に締結すれば、北朝鮮は核査察を受け入れる」といった「段階的で同時並行の方式」からなる解決策を探ることを「共通認識」に盛り込むことができた。これは、北朝鮮にとって大きな収穫であったと考えられる。

北朝鮮のこうした主張が「共通認識」に組み込まれたのは、仲介役に徹した中ロ韓が北朝鮮の核開発を憂慮しつつも、追い詰められた北朝鮮の立場に配慮し、彼らの主張に一定の理解を示したためである。

北朝鮮と隣接するこれら三国の対応には、北朝鮮の核保有は容認できないが、かといって米国が北朝鮮への強硬策に走るのも迷惑という微妙な立場が反映されている。もし米朝が軍事衝突したり、米国の強硬策で金正日政権が自壊に追い込まれると、自分たちも大きな代償を払わねばならないことを熟知した対応であったといえる。

しかし、北朝鮮が主張する「重油提供」と「米朝不可侵条約」の締結を条件とする「段階的・同時並行方式」の解決策を米国がすんなり受け入れるとも思われない。ホワイトハウスや国防総省の主流派が、「まず北朝鮮が武製解除することが先決」という考えを覆すことは考えにくいからだ。もし、このまま米国が強硬姿勢を崩さなければ、次回の六カ国協議を北朝鮮がボイコットする可能性も否定できない。

とはいえ、経済苦境に置かれた北朝鮮が、早期に経済・エネルギー支援を確保したい立場に変わりはない。北朝鮮が、今回の協議で「拉致を含む日朝間の問題を平壌宣言に基づき解決したい」

と述べ、日朝協議の継続を約束したのは、もしかしたら六カ国協議の決裂を予期した保険かもしれない。米国がだめなら日本からという判断である。日本はこの北朝鮮の誘いを逆手にとって、核と拉致の問題をどう解決していくのか。日本の政治家の力量が試されるのはこれからだ。

（二〇〇三年九月）

第20章　ガバン・マコーマック教授の警告

フセイン体制下のイラクで核兵器開発の責任者であったJ・ジャファル博士が、二〇〇四年八月に英BBCテレビのニュース番組で行った証言が波紋をよんでいる。

博士は「湾岸戦争後の九一年に大量破壊兵器はすべて廃棄され、開発は二度と再開されなかった」と証言。戦争が始まった二〇〇三年三月の時点で、イラクには使用可能な化学兵器や生物兵器は存在しなかったというのだ。

開戦前に強調されてきたイラクの大量破壊兵器の脅威は、イラク侵攻を正当化するために、やはり米国がでっちあげたものではなかったのか。BBCの報道は、米国が世界に伝えた「ならず者国家」イラクの情報に改めて疑問を投げかけている。

イラクと並んで、国際社会の秩序を脅かす「ならず者国家」と形容されてきた北朝鮮に関する米国の情報は信頼できるのだろうか。

そもそも北朝鮮が徹底した情報統制を行ってきたため、この国に関する情報は限られてきた。

日本に伝えられる北朝鮮の情報といえば、『朝鮮中央通信』、『労働新聞』が伝える政府広報、一部の脱北者たちの証言などの内部情報を除けば、米国の政府筋や一部のメディアが伝えるオタッキーな軍事機密と金正日《キムジョンイル》総書記の関連情報しかないのが実情だ。

この内、北朝鮮のメディアはプロパガンダに近いし、証言を生活の糧とする脱北者の言葉には誇張や偽りが含まれている可能性もある。だからといって、米国が伝える北朝鮮情報がそれ以上に信用できるわけでもない。オーストラリア国立大学のガバン・マコーマック教授が今回日本で翻訳出版した『北朝鮮をどう考えるのか――冷戦のトラウマを越えて』(吉永ふさ子訳、平凡社、二〇〇四年)という本も、米国の北朝鮮情報には懐疑的だ。筆者は、北朝鮮に関する「ワシントンの話はイラク戦争時の大義名分以上に十分に検証する必要がある」と述べ、米国の情報に汚染された人々に警告を促している。米国は北朝鮮が国際社会のルールを守らない「無法な国」と言うが、本当なのだろうか。

九四年の「枠組み合意」以後、比較的良好な関係にあった米朝関係が崩れたのは、米国に北朝鮮を敵視するブッシュ政権が登場してからである。そして、二〇〇二年一〇月、小泉訪朝から三週間後、ピョンヤンを訪問した米国のケリー国務次官補が、北朝鮮側に核兵器開発の証拠を突きつけたことで、米朝対立は決定的となった。米国の予想に反して、北朝鮮側が「核兵器の開発計画だけでなく、もっと強力な武器を保有している」と答えたからである。

会談後、米国は北朝鮮が「枠組み合意」に違犯したと報じた。そして「もっと強力な武器を保有した」という彼らの発言をとらえて、「北朝鮮が核兵器だけでなく、大量破壊兵器か、生物・化学兵器の開発に成功した可能性がある」というニュースを世界に配信した。米国側の報道を通じて、この会談内容を知った日本人は、米国との合意を破って再び核兵器の開発に乗り出した北朝鮮に対し、脅威とともに、強い反発を覚えたに違いない。

しかし本書のように、この会談の内容や背景を北朝鮮の立場から改めて検証してみると、米国の報道がかなり一方的なものであることに気づく。まず、米国は北朝鮮が米朝合意に違犯したと言うが、マコーマック教授は、米朝合意を先に踏みにじったのは米国の方ではないかと反論する。その根拠は以下のようなものだ。

①米国は朝鮮半島に核兵器を持ち込むなど、核拡散防止条約の内容を無視してきた。②二〇〇一年一二月、米国は議会に提出した『核戦力態勢報告書』の中で、北朝鮮を核攻撃目標のリストに入れた。③米国が「枠組み合意」に基づく軽水炉の工事の開始時期を二〇〇二年まで引き延ばしたため、二〇〇三年に完成する約束は守られなかった。④米国は、北朝鮮を「ならず者国家」や「悪の枢軸」と非難し、北朝鮮を敵視する態度をとってきた。

北朝鮮の側から見れば、こうした米国の態度は「枠組み合意」を踏みにじるものであり、「攻撃」まで視野に入れたブッシュ政権の敵視政策が結果的に北朝鮮の態度を硬化させ、抑止力としての核兵器の開発に向かわせたのではないかとマコーマック教授は推察する。また北朝鮮が言った「核兵器よりももっと強力なもの」という表現は、米国人が考える大量破壊兵器や化学・生物兵器ではなく、「労働党と人民の団結力」を示したレトリックにすぎないという見解を紹介し、米国が北朝鮮の発言を誤解した可能性を指摘する。

結局、米国は北朝鮮が「核兵器を開発中なのか、開発していないのか」、「もし開発しているとしても、どれくらい開発が進んでいるのか」、本当のところは判らないのが実態だと教授は分析する。一方、北朝鮮もそうした米国の心理につけこんで、「核兵器を持っていなくても、持っている」と答えたり、「核開発が事実よりもずっと進んでいると思わせよう」としているのではないかと教授は推測する。というのも、北朝鮮は「核保有だけが、米国に攻撃されないただ一つの手段」と認識しているからである。もし、マコーマック教授の分析が正しいとすれば、北朝鮮における核兵器開発の真実は、北朝鮮からもたらされた情報にも、米国からもたらされた情報にも存在しないことになる。まさに「どちらの言い分も正しく判断するのはますます難しくなってきた」というのが、米朝交渉の本質ではないだろうか。

いずれにせよ、米国が北朝鮮に関して確証のない情報を流すことによって、その情報に振り回された西側世界と北朝鮮との対立関係が深まっていくことは望ましい選択ではない。核攻撃に発展するかもしれない、こうした米朝間の「核をめぐるチキンレース」に終止符をうつためにはどうすればよいのか。マコーマック教授は、朝鮮戦争に決着をつける平和協定の締結、日朝・米朝の関係正常化、そして何よりも「金正日政権を今まで存続させてきた軍事的緊張関係を解消すること」が必要だと説く。

こうしたマコーマック教授の警告は、米国と北朝鮮の情報に振り回されてきた日本の北朝鮮研究の在り方に一石を投じたものと言える。米国の鏡を通してしか北朝鮮という国を見てこなかった人に、ぜひ目を通していただきたい一冊だ。

（二〇〇四年一〇月）

第21章　北朝鮮に対する経済制裁は正しい選択か

はじめに

拉致や核開発の問題を解決するため、北朝鮮への圧力を強めるべきだという声が高まっている。国会では、二〇〇四年二月九日、日本単独での北朝鮮に対する経済制裁を可能にする改正外為法（外国為替及び外国貿易法）が成立した。これまで、他国に対する経済制裁は国連決議や日本を含む二カ国間合意がなければ発動できなかったが、今回の改正により、日本政府が「国の平和と安全の維持のために必要」と判断するだけで、日本から北朝鮮への送金や取引を規制できるようになった。

日本から北朝鮮への送金は個人による現金持ち出しも含めて年間四〇億円にのぼると推計される。また、北朝鮮の対日貿易は対外貿易全体の約二割を占める。送金と貿易が制限されると、経済の停滞が続く北朝鮮が受けるダメージは少なくない。今回の法改正は現在の日本が北朝鮮に示しうる最も重い制裁措置の一つといえるだろう。

改正外為法は発動されなければ、あくまで威嚇の手段にとどまる。しかし、二〇〇四年二月中旬に平壌で行われた日朝政府間交渉でも拉致問題に進展がなかったため、与野党内部からは「改正外為法の発動に踏み切るべきだ」という意見が噴出し始めた。北朝鮮の今後の対応次第では、経済制裁を実施する可能性がでてきたわけだ。与野党の強硬派は圧力をかけて早期解決を北朝鮮に迫るというが、経済制裁は問題解決の有効なカードになるのだろうか。

経済制裁論の背景

北朝鮮への経済制裁が叫ばれる背景には、拉致や核開発をめぐる北朝鮮の態度に変化が見られず、交渉や対話による問題解決の見通しがたたないことに対する国民のいらだちがある。確かに、六者協議の再開や日朝交渉の継続が決まったが、米朝、日朝間の考え方には、依然として大きな隔たりが見られる。

二〇〇三年八月、最初の六者協議では「核問題の解決に向けた対話を継続する」ことなどを盛り込んだ「共通認識」が発表されたが、米朝の主張の隔たりはほとんど縮まらなかった。北朝鮮は核開発計画放棄の見返りと、米国との不可侵条約の締結にこだわった。その後も北朝鮮は、見返りとして安全の保証やエネルギー支援の再開などの同時実施を求め、こうした条件が満たされない限り協議再開には応じないと強気の姿勢を貫いてきた。一方、米国は「北朝鮮が核開発計画を放棄することが先決」として、「完全かつ不可逆的で検証可能な形」での計画放棄を北朝鮮に要求してきた。二回目の六者協議の展開は、現時点では断定できないが、米朝の主張に大きな変化は見られないと思われる。北朝鮮は「核凍結」を実行する見返りに、米国などの国々にエネルギー支援を求めるだろうし、米国も北朝鮮が「核開発の完全放棄」の意思を表明しない限り、見返りを与えないという基本姿勢を崩さないだろう。

二〇〇四年二月、一年四カ月ぶりに再開した日朝交渉も、拉致問題の解決をめぐり、それぞれの主張は平行線をたどった。国交正常化交渉の再開を条件に拉致被害者家族の無条件帰国を迫った日本に対し、北朝鮮は五人の被害者を戻さなかったのは約束違反だと日本を批判し、彼らをまず北朝鮮に戻すことが先決という原則論を繰り返した。また「死亡」とされた八人の真相究明についても、北朝鮮はすでに解決済みとして日本の要求をはねつけた。多くの日本人は、このような北朝鮮の対応を見て「姿勢に変化がない」「誠意が感じられない」と判断し、彼らに態度を改めさせるには経済制裁などの「圧力」に頼るしかないという気持ちを強くしていったと思われる。

経済制裁措置の効果は

とはいえ、北朝鮮の対応にまったく変化がないのかと言えば、実はそうでもない。最大の変化は、政府高官レベルの日朝交渉と六者協議の再開に北朝鮮が応じたことである。

特に拉致問題をめぐる日本との交渉において、北朝鮮は当初、「五人の被害者を二週間で北朝鮮に戻す」という約束を破った日本の外務省は信用できないとして、なかなか日本との外交交渉に応じようとしなかった。二〇〇三年末、北朝鮮当局が北京で拉致議連事務局長の平沢勝栄衆議院議員と非公式に接触し、拉致問題解決を目指す秘密協議を続けようと提案したのも、北朝鮮が外務省との交渉を嫌ったからである。ここまで日本政府との公式の交渉を避けてきた北朝鮮が、一年四カ月ぶりにそれに応じたこと自体、北朝鮮外交の大きな変化を示すものと言える。

ではなぜ、北朝鮮はこの時期に日本政府との交渉に応じたのだろうか。まず、拉致問題を六者協議から切り離したい北朝鮮としては、六者協議の開催前に日本との間で拉致問題解決へのめどをつけておきたかったからだと思われる。北朝鮮が先の平沢議員らとの非公式の会談で、北朝鮮に五人の拉致被害者が出向けば子どもたちを帰すという「出迎え方式」を提案したのも、そのシグナルだったと考えられる。だが、拉致被害者の家族会はこの提案を「論評の価値なし」として拒否した。その後、同家族会が「拉致問題は政府の交渉によって解決すべき問題」と宣言したため、北朝鮮も日本政府との交渉に戻らざるをえなくなったのである。

北朝鮮が日本政府との協議に応じたもう一つの理由は、日本政府が採った経済制裁という強硬措置に抗議し、改正外為法の発動を阻止するためである。日朝協議にのぞんだ姜錫柱《カンソクチュ》第一外務次官は、田中均外務審議官と藪中三十二アジア大洋州局長に対し「ナイフ（経済制裁措置）をポケットにしのばせて、よく来られましたね」と不快感をあらわにし、「強硬には超強硬をもって対処する」と日本の姿勢を激しく非難したという（『毎日新聞』二〇〇四年二月一六日）。

このように北朝鮮の姿勢には、明らかに拉致問題に対する「柔軟」と「強硬」が併存している。

北朝鮮は今後も、「柔軟」姿勢と「強硬」姿勢を使い分けながら対日外交を展開していくと考えられるが、最大の問題は、今回の外為法改正が北朝鮮から「譲歩」を引き出せずに、かえって北朝鮮の態度を硬化させてしまったことである。

日本政府は、日朝交渉の方針として「拉致被害者家族の速やかな帰国」を最優先課題に挙げているが、自らの強硬策が彼らの早期帰国に結びつかず、かえって問題解決を遅らせることになったとしたら、これほど不幸なことはない。与野党は北朝鮮船舶の入港を禁止する「特定船舶入港禁止法案」の国会への提出を含め、北朝鮮への圧力をさらに強めることを検討しているが、そうした強硬策は北朝鮮の態度をいっそう硬化させ、せっかく再開した日朝協議を中断に追い込む可能性を孕んだリスキーな選択だ。日本政府はあくまで拉致被害者家族の早期帰国を前提に、問題解決のため、あらゆる選択肢を排除することなく、再開した北朝鮮との政府間交渉を粘り強く、かつ柔軟に進めていくことが必要だ。

六者協議堅持のブッシュ政権

日本政府は、再開される六者協議の場でも北朝鮮と拉致問題の解決に向けて話し合いたいとしているが、北朝鮮は乗り気ではない。先に行われた日朝協議で、北朝鮮の外務省報道官は「日本が次回の六者協議で『拉致問題』を再び持ち出した場合は、我が軍隊と人民の要求通り、日本の協議参加自体を断固として拒否し、すべてが崩壊する」と警告した。北朝鮮の主張が誇張されたものであるにしても、こうした態度を表明している北朝鮮と六者協議の場で「拉致問題」について話し合い、解決に向けた進展を期待するのは難しい。

政府与野党の内部では、「六者協議の場で拉致問題の解決に何らかの進展が見られない場合は、改正外為法を発動させるべき」という声も上がっているが、六者協議に参加する他のメンバー国は日本のこうした姿勢をどのように評価しているだろうか。

中国、韓国、ロシアは北朝鮮の核開発を憂慮しつつも、米国からの攻撃の脅威に追い詰められている彼らの立場に配慮し、日本の強硬姿勢を警戒している。もし日米の強硬策によって金正日政権が自壊に追い込まれることにでもなれば、中国とロシアは、朝鮮半島に親米統一政権が誕生し、国境線で米軍と対峙するという事態を覚悟しなければならないし、韓国もまた数百万人の経済難民を受け入れねばならなくなる。そうしたリスクと背中合わせの立場に立たされている三国としては、北朝鮮の核保有は容認できないが、かといって日米が北朝鮮への強硬策に走るのも迷惑というのが正直な気持ちだろう。

米国も拉致問題の解決を目指す日本の立場に理解は示しているが、拉致問題が六者協議のメーンテーマとは考えていない。六者協議に参加する北朝鮮以外の五カ国に共通するのは北朝鮮に核放棄を迫ることである。核の脅威を訴えるブッシュ政権にとって、二〇〇四年一一月に控えた大統領選挙を有利に戦うには、六者協議という北朝鮮の核開発に対する国際監視体制の枠組みを堅持し、その成果を有権者にアピールしていくことが何よりも重要になる。そのためには、たとえ北朝鮮と意見が衝突しても、粘り強く協議を継続していくのが好ましい。これが現在のホワイトハウスの方針だ。

米国がこうした考え方をするようになったのは、武力行使や経済制裁では北朝鮮の核開発の危機に対応できないとの認識が、ホワイトハウスで支配的になりつつあるからだ。武力行使はコストがあまりにもかかり、経済制裁は効果が現れるのには時間がかかりすぎるというのがその理由である。月単位で進行していく核開発に対し、効果が現れるまでに年単位の時間がかかる経済制裁は無力というわけだ。

北朝鮮が六者協議再開に応じた理由

北朝鮮を除く五カ国が六者協議に参加するのは、北朝鮮に核放棄を迫るのが最大の理由であるといえるが、一方、北朝鮮が六者協議再開に応じたのはなぜだろうか。

北朝鮮サイドに立った一つの解釈は、これ以上、再開の時期を長引かせても、米国から譲歩を引き出せないと判断したというものだ。むしろ、六者協議を再開し、米朝関係をこれ以上悪化させない方が得策という判断である。北朝鮮がこのまま協議への参加を拒めば、国連安保理に付託される危険性もある。六者協議を再開し、米国の大統領選挙の結果が出るまで、とりあえず米国と現状の関係を維持し、悪化させない方が賢明だ。これが北朝鮮首脳部の本音ではないだろうか。次の大統領選挙の結果によって、米国の対北朝鮮政策が劇的に変化する可能性もあるからだ。

北朝鮮が六者協議に応じた理由はそれだけではない。もっと積極的な理由がある。それは、北朝鮮が六者協議に参加する見返りとして、中国から受ける大規模な経済援助である。二〇〇三年一〇月、北朝鮮を訪問した呉邦国・全国人民代表大会常務委員長は金正日総書記との会談において、北朝鮮が六者協議の再開に応じれば、協議終了後に総額五千万ドル（約五四億円）におよぶ無償援助を行うことを約束したという（『朝日新聞』二〇〇四年一月一〇日）。これまでも、中国から北朝鮮にはかなりの規模の援助が提供されてきたが、その中身はエネルギー・食糧援助が中心で、資金供与という形をとることはなかった。中国が単独援助として五千万ドルという過去最高額を提示したのも、議長国として北朝鮮をなんとか六者協議に参加させ、協議を再開させたかったからである。もちろん北朝鮮に中国の援助を拒否する余裕はない。経済危機からの脱却を目指す改革を北朝鮮が推し進めるためには、どうしても大規模な外資が必要になる。

北朝鮮で始まった経済改革

北朝鮮は、すでに日本のマスコミでも報道されているように、二〇〇二年七月からドラスティックな経済改革を進めてきた。北朝鮮の報道媒体（『労働新聞』『勤労者』『民主朝鮮』など）によると、「経済管理改善措置」と呼ばれる改革の概要は配給制や価格補償制度など、これまで北朝鮮経済を支配してきた社会主義的な経済システムを徐々に廃し、実利主義の観点から物価や賃金システムを見直そうというものである（**表9**）。

表9　北朝鮮の物価および賃金引上げ状況

	区分	引上げ前	引上げ後	引上げ幅
物価	米	買上価格 82 チョン/kg	買上価格 40 ウォン/kg	50 倍
		販売価格 8 チョン/kg	販売価格 44 ウォン/kg	550 倍
	トウモロコシ	買上価格 60 チョン/kg	買上価格 20 ウォン/kg	33 倍
		販売価格 6 チョン/kg	販売価格 24 ウォン/kg	400 倍
	平壌─清津鉄道料金	16 ウォン	590 ウォン	37 倍
	平壌─南陽鉄道料金	50 ウォン	3, 000 ウォン	60 倍
	バス・地下鉄料金	10 チョン	2 ウォン	20 倍
	電車料金	10 チョン	1 ウォン	10 倍
	電気料	3. 5 チョン/kW	2. 1 ウォン/kW	20 倍
	住宅使用料	15 チョン/m²	6 ～ 15 ウォン/m²	40 ～ 100 倍
	遊園地入場料	3 ウォン	50 ウォン	17 倍
	扇風機	100 ウォン	2, 000 ウォン	20 倍
	豚肉	7 ウォン/kg	170 ウォン/kg	24 倍
	石鹸	2 ウォン	20 ウォン	10 倍
賃金	一般労働者	110 ウォン	2, 000 ウォン	18 倍
	鉱山労働者	240 ～ 300 ウォン	6, 000 ウォン	20 ～ 25 倍
	教員	120 ウォン	2, 880 ウォン	24 倍
	医師	80 ～ 150 ウォン	1, 200 ～ 2, 500 ウォン	15 倍
	軍人・特殊機関公務員	150 ～ 250 ウォン	1, 500 ～ 2, 500 ウォン	10 倍
	党活動家	170 ウォン	850 ウォン	5 倍
	記者・放送関係	150 ～ 200 ウォン	4, 500 ～ 6, 000 ウォン	30 倍

1 ウォン＝ 100 チョン

(原資料)『北韓』(ソウル, 北韓研究発行) 2002 年 9 月, 71 頁。

(出所) 文浩一「北朝鮮経済──実利主義への転換」『世界』2002 年 12 月, 108 頁。

物資が著しく不足する北朝鮮では、すでに必要な食糧や日用品を国民のすべてに配給することが困難になっており、大部分の国民はそれらを闇市場で購入するのが普通である。配給制の廃止は改革というよりも、物資不足という厳しい現実の露呈、追認であり、改革項目の一つである商品価格の引き上げも、実勢価格よりはるかに安く設定された商品の公定価格を実際に入手可能な闇市場価格まで引き上げたにすぎない。とはいえ、こうした改革を通じて農産物の買い上げ価格が大幅に引き上げられたことで、農民の労働意欲が向上する可能性もある。

さらに今回の経済改革で注目されるのは、企業が赤字経営になった場合に適用されていた補償金制度の廃止と、従来の連合企業所を解体して完全な独立採算制を導入したことである。これまで北朝鮮の企業は政府の計画に従って生産すれば、商品が売れなくてもよかったが、改革後は売れなければ評価されなくなった。

また労働者に対しても、収益に応じて報酬が得られる成果主義が多くの職場で導入されることになった。これは、これまで目標が未達成でも労賃の八割が保証された労働者も、ある程度結果を出さなければ、利益を受けられないということを意味する。いわば、政府、企業、労働者がリスクも平等に分担しながら、労働に対するインセンティブを高め実利を追求しようというのが、今回の改革の狙いなのである（文《ムン》浩一《ホイル》「北朝鮮経済改革から一年の評価」『世界』二〇〇三年九月号）。北朝鮮が今後、中国のような改革・開放に向かえるかどうかは、この経済改革が成功するかどうかにかかっている。

経済制裁か、それとも経済支援か

ところで、スタートから二年、改革の成果は生まれているのだろか。『朝鮮時報』（二〇〇四年一月九・一三日特大号）の現地レポートは、改革の現状をこう伝えている。

「（経済管理改善措置以降）電力、輸送、石炭などの国の全般的経済が動き始めたことで、国内の多くの工場、企業所も正常軌道に乗り始めた。例えば、金鐘泰《キムジョンテ》電気機関車工場では、二年前までは電力不足による支障が目立った。……それから二年間に同工場は五二四両の客車を生産し、そのうち四〇〇台はすでに朝鮮各地を走っている。……しかし、すべてが不足し、経済事情が緊張しているのもまた事実で、原油など（北）朝鮮にない原料が入ってこないことが経済活動に少なからぬ支障を与えている。」

この記事から、改革が国民経済全般に刺激を与え、工場や企業の活動が回復に向かっていることがわかるが、半面、海外から調達せざるをえないエネルギーや原材料が圧倒的に不足して、経済活動が行きづまっている様子も伝わってくる。経済改革をスタートさせ、国内の経済システムを改善しようとしても、改革に必要なエネルギーや物資を海外から調達できなければ、枯渇した経済を復興させることはできない。

北朝鮮の食糧事情も依然として深刻だ。世界食糧計画（WFP）の報告によれば、現在、北朝鮮の人口の四分の一以上にあたる約六四〇万人が食糧不足に陥っている。WFPは二〇〇四年四八万五〇〇〇トンの食糧援助を計画しているが、いまだ一四万トンしか援助のめどがたっていない（『ロイター通信』二〇〇四年二月一〇日）。このような状況のなかで、もし北朝鮮に対する経済制裁が実施されるなら、在日朝鮮人から北朝鮮の親類への仕送りはもちろん、日本からの人道支援もストップすることになる。

日本では「北朝鮮に食糧支援を行っても、末端の国民に行き渡らないから無駄」という声も聞かれる。だが、WFPのジェームズ・モリス事務局長の報告では「北朝鮮に到着した食糧は支援国の名札をつけた袋に入れられて、WFPの監視下で各地域の拠点に輸送され、各家庭や孤児院をWFPのスタッフが訪問して、実際に配給対象者が食べたかどうかチェックする」という（『朝日新聞』二〇〇二年一一月一二日）。世界中から送られた貴重な支援食糧は北朝鮮の飢えた子どもたちを救っているのである。

二〇〇四年一月、国際人権団体アムネスティ・インターナショナルは「北朝鮮の食糧危機でこれまでに数十万人が餓死した」と報告し、「食糧支援が決して政治的・経済的圧力の道具として使われてはならない」と警告した（『統一日報』二〇〇四年一月二八日）。日本はこのまま経済制裁を実施して、罪もない北朝鮮の多くの人民を苦境に追いやるのだろうか。中国のように経済・食糧支援を提供して、北朝鮮の経済改革を促しながら、拉致問題の解決を迫るという選択肢はありえないのか。日本だけでなく、東アジアの平和と安定にとって、どちらが望ましい選択か、もう一度、日本の人々によく考えてほしい。

（二〇〇四年四月）

第22章　北朝鮮とどう向き合うべきか

対談・朱建栄

北朝鮮の核平和利用

朴　二〇〇四年二月の六者協議の収穫は、今後も協議を継続することになった、という点にとどまりました。しかし、中国、ロシア、韓国から見れば成果は多かったと思います。とくに韓国は今回、「核放棄への三段階案」というのを準備してきました。第一段階で、北朝鮮が完全かつ検証可能な形で核を放棄する意思を表明し、他の五カ国は北朝鮮に安全の保障を与える用意があることを表明する。この第一段階は、今回の協議でクリアされたと思います。ただ、韓国政府が強く望んでいたのは次の第二段階で、北朝鮮が核の放棄を前提に、核の凍結に着手する。そして、国際原子力機関（ＩＡＥＡ）などの査察を受ける。見返りに韓国、中国、ロシアが北朝鮮に重油などのエネルギー支援を行う。韓国はできればこの段階まで持っていきたかったようです。このような韓国の意図は、少なくとも中国とロシアは共有していると思うんです。

今回の協議でいちばん成果がなかったのは、日本だったのではないでしょうか。日本としては六者協議の前に、拉致問題をめぐって日朝政府間交渉（二〇〇四年二月一一―一三日）をやって決裂した。政府内部では「今度の六者協議で拉致問題に進展がなければ、経済制裁を発動する」という声も上がっていたほどで、拉致問題がかなり前面に出ることを期待していたと思うんですね。ところが、それができなかった。

朱　今回の六者協議は、ひとつの通過点です。一階と二階の間の中二階というような位置づけではないかと思います。前回は協議を終えた後、いつ次回を開催するか、めどが立っていませんでしたが、今回は、六月末までに開くことがはっきりと示された。これから継続的にやっていくというシステムが出来上がってきた。それから、作業部会を設立することになった点でも一定の成果があった。各国ともある程度満足できる、少なくとも容認できる協議だったと思います。

朴　アメリカが今回どうしても譲歩できなかったのは、北朝鮮が、核廃棄ではなく、「核兵器の廃棄」、あるいは「核兵器の凍結」というところにこだわったことです。つまり、核の平和利用を認めるかどうかなんですね。これについては、これからの六者協議の中で議論が分かれると思うんです。中国やロシアは「平和利用まで否定する必要はないんじゃないか」という考えを持っている。ところが、アメリカと日本は「平和利用を含めて、絶対に北に核を持たせてはいけない」と思っている。そこが、これから大きな争点になってくる。

朱　「平和利用」の余地を残したことを後退とみるかどうかです。中国の学者の多くは、それも北朝鮮の条件闘争の一環だと見ています。北朝鮮は、現時点で核の完全廃絶をそのまま認めてしまうと切るカードがなくなってしまう。中国を含め各国とも、北朝鮮が、平和利用であれ、外部の査察を受け入れずに核施設を持つことを、おそらく認めないと思います。

朴　確かに、北朝鮮が核を持つことに対しては、アメリカよりも中国のほうがもっと脅威を感じていると思うんです。軍事バランスが崩れる影響をいちばん受けるのは中国です。だからなんとしても食い止めたい。

逆に北朝鮮の側から考えると、彼らはエネルギーを確保したい。北朝鮮の核武装を食い止めるために、アメリカや中国、ロシアがその見返りとしてエネルギーを北にいかに与えるか、そこなんですよ。それがある程度見込めれば、北は核放棄にいくだけの決断力を持っていると思うんです。ところが、アメリカあるいは日本が本当にエネルギー支援に応じてくれるのかどうか。韓国、中国、ロシアは「北が査察を受ければ、エネルギー支援をすぐに実施する」と言うけれども、アメリカと日本は「私たちはその段階ではエネルギー支援はしません」と言っている。だから、アメリカと日本はいったいどういう条件のもとであれば北にエネルギー供給をするのか、北朝鮮の首脳部は、そこを見極めようとしている。

アメリカの事情、中国の事情

朱　アメリカは二〇〇四年一一月に大統領選が予定されています。ブッシュが落選する可能性もなくはない。そこを見込んで北朝鮮が交渉の引き延ばし、時間稼ぎにかかったとしても、それが有利にはたらくかどうか。経済事情がさらに悪化しているだろうし、エネルギーもない。食糧事情が改善されていない。むしろ悪化している。そういう中で、人心の動揺は前よりもっと強くなっている。労働党の一部下級幹部にまで動揺が広がっている。結局は経済の安定がなければ、国も王朝も存続しないことは北もわかっている。

朴　アメリカの大統領選でだれが当選するか、それによって北朝鮮にとって条件が変わってくる。これは当然、北朝鮮の首脳部も計算していると思います。ケリーは「自分が勝ったら、北朝鮮との直接対話に応じる」ということを選挙公約に掲げているので、もし当選すると劇的な米朝和解になるかもしれない。一方、ブッシュ政権が存続した場合、タカ派がますます発言力を持って北朝鮮に対する制裁行動を強く主張するようになるでしょう。

もうひとつの展望として、ブッシュ、ケリーどちらが当選するにせよ、最悪のシナリオはアメリカが北朝鮮に対し「無視政策」に転じ、「核を持つ北朝鮮との共存関係の模索」に向かうことです。

とはいえ、北朝鮮が本気で核を持とうとしているのかどうか微妙だと思うんですよ。軍部はそう考えているかもしれませんが、北朝鮮の首脳部は、核保有ではなくて体制をどう存続させるか、体制存続にとって核保有はどう影響するかを考えている。この場合、最終的に核はエネルギー確保の手段であると見ているでしょう。どれだけ核廃棄を高い値段で売りつけて、エネルギーを獲得して体制存続をするか、そこなんですよ。核保有より、エネルギーをどう獲得して、経済状況の改善を進めていくか、北朝鮮にとってはそこが重要で、首脳部もそれを考えている。そこを六者協議でうまく攻めていけば、きっと解決の道はあると思うんですね。

朱　以前の中国は「北朝鮮は同じ社会主義国家、軍事力を増強しても、それを中国に向けてくることはない」と考えていた。しかし、ここ数年「社会主義国だからといって、自動的にあなた方をかばうものではない。普通の国家同士である」というように認識が徐々に変わってきたわけですね。いままで中国は、北朝鮮との国境には警察しか配置していませんでしたが、二〇〇三年の末にこれを軍隊に切り替えた。他の国境線と同じようにしたんですね。北朝鮮が核を持つことに対する中国の懸念は、第一に、それが日本や台湾の核武装につながりかねないことです。

中国が恐れる第二点は、ブッシュの対北朝鮮政策があまりにも非妥協的で、アメリカが武力で北朝鮮を押しつぶそうとすることとです。イラク戦争開戦当時の理解では、次にアメリカは東にシフトしてくると見られていた。アメリカが北朝鮮に軍事力を持ってくることは、何を意味するか。北の後背地である中国が食糧や物資の供給を続ければ北は屈伏しないでしょう。となればアメリカは中国に圧力を加えてくる。そこに展開されるのは米中の軍事的対決です。これは明らかに中国にとって不利なので、そうなる前に動かないといけない。それが、二〇〇三年初めから中国が北朝鮮の説得に積極的になった一因だと思います。

朴　アメリカが北朝鮮の核施設にピンポイント攻撃をするというようなシナリオは、いまはもうないと思いますね。フセイン後の中東情勢が安定しないこともあって、そういうやり方に対しては国民の支持がいっそう得られにくくなった。アメリカがシナリオの一つとして残しているのは、経済制裁とか封じ込め政策だと思います。

もっと言えば、「北が仮に核を持ったとしても、軍事力による介入はしない」という程度のことまで、アメリカは考えていると思うんですよ。北朝鮮が核を持つのを恐れているのは中国であり、ロシアである、だから中国やロシアをどう組み込みながら、朝鮮半島に核のない状況をつくっていくか。朱さんがおっしゃったように、中国と同様にアメリカが恐れているのも、北朝鮮が核を持つこと自体より、連鎖的に台湾や日本、韓国が核を持つような状況がアジアに生まれることです。それを避けるためにも、朝鮮半島を非核化しないといけないということなんですね。

朱　その点では米中にはまさに共通の認識があったんですね。

経済制裁と食糧危機

朴　日本の政治家は「経済制裁で強気に出ろ」ということばかり、しきりに言っています。日本は、独自に北朝鮮を攻撃することはできませんから、あり得るのは、経済制裁とか、特定国の——実際には北朝鮮の——船舶は入港させないとか、あるいは、在日朝鮮人が日本から出国したら帰国させないというようなことです。そして、経済制裁のための外為法の改正(1)をはじめ、法整備を実際に進めつつある。しかし、こうした制裁措置は北朝鮮にどのような影響を及ぼすのでしょうか。

北朝鮮はいま深刻な食糧危機にあります。これについてはいろんな考え方があって、ひとつの考え方は「北朝鮮自身の食糧政策、いわゆる経済政策の失敗のツケが回ってきている」というものですが、私はその見方は一面的だと思います。アムネスティ・インターナショナルの発表によると、北朝鮮の年間穀物生産量は、一九九〇年の段階で九一〇万トンあったんですね。九四年に七〇八万トン、ところが九六年になりますと一挙に二五〇万トンにまで減って、その後、九八年三二〇万トン、二〇〇〇年が三二六万トン、二〇〇二年が三六六万トン。北朝鮮では穀物生産が五百万トンを下回ると餓死者が出る状況です。

九五年を境に激減したことから見て、その年の水害が穀物生産に圧倒的な影響を与えたんですね。これで国土の七割が水没して、非常に多くの農地が破壊された。政府の経済政策の失敗もあるけれども、自然災害の影響が非常に大きかった。被害総額は一五〇億ドル以上だったといわれています。

アムネスティの報告でも水害の前は労働者一人当たり一日平均七〇〇グラムの食糧の供給があったらしいんですけれども、それが九六年以降は二〇〇グラムを切る水準にまで減ってしまった。その結果、餓死者や病人がたくさん出ている。このような状況のところへ経済制裁をすればどういうことになるか。その点を冷静に判断してほしいということが一点です。

朱　おっしゃる通り、制裁とは誰に対する制裁なのか。北朝鮮の一部指導者階級にとっては、経済制裁といっても痛くもかゆくもないんですよね。問題は向こうの庶民をさらに苦しめることになるということです。

朴　そうです。経済制裁の打撃をいちばん受けるのは、一九五〇年代末から北朝鮮にわたっていった在日朝鮮人の帰国者たちです。日本からの送金が止まれば、この人たちは仕送りを受け取ることができなくなる。この人たちが、まず生けにえにされるでしょう。そして、先ほど言ったように、食糧不足で苦しんでいる人たちが、制裁の犠牲になる。拉致問題とも日朝交渉ともまったく無関係な人たちに不利益を与えるだけだと思いますね。

もうひとつ重要な問題は、北が核を放棄するかどうかの決断は、経済の問題にかかわってくる。経済がうまくいけば核を持つ必要がなくなる。北朝鮮は二〇〇二年から経済改革を進めてきました。一つは食糧を含む配給制度の廃止です。むしろ配給するものがなくなってやめざるを得なくなったというのが正直なところです。

一方で、労働者の賃金に成果主義を導入して、「企業がつくったものが売れなければ報酬を出さない」という形に変えた。市場を段階的に自由化し、なんとか生き残ろうとしているのですが、現実問題として電力や石油といったエネルギーがないから工場はほとんど稼働していない。さらに、原材料が集まらない。機械も壊れている。部品が足りない。外国からエネルギーや物資が入ってこなければどうにもならないわけです。そこにもし経済制裁などをやるとすれば、北朝鮮の改革・開放をストップさせることになる。それが、果たして正しい選択なのかどうか。かえって北朝鮮の軍部は「もうこれは、軍事力でいくしかない」と判断するかもしれない。

朱　そうですね。

朴　そこを日本の政治家も冷静に考えてほしいわけです。もちろん、経済制裁のために法改正をしたり法案をつくったりすることと、実際にそれを発動することは別問題です。いまは、もし発動したらという話をしているわけです、普通に考えて、六者協議をやっている最中に日本が単独で経済制裁を発動できるのかどうか。

もうひとつは人道的な食糧援助の問題です。アメリカは、一方では北朝鮮に強硬姿勢をとりながらも、一方では食糧援助を続けているのです。ところが日本は「拉致問題が解決するまで、食糧援助はしません」と言っている。政治家の質が問われます。

拉致問題解決の糸口を探る

朱　二〇〇二年九月一七日の日朝首脳会談以降、日本の対応にも幾つか変化があったと思います。小泉首相が平壌に乗り込んだときは、国交正常化を前向きに進めようと努力する姿勢があったと見ています。その後、拉致被害者が日本に戻ってきますが、そのことが社会全体に与える影響というのは、おそらく日本も北朝鮮も予想していなかったと思うんですね。北朝鮮は、戦後五〇年間、日本に対して心理的にずっと有利な立場に立っていたわけです。「あなたは加害者／私は被害者」という立場だったのが、拉致問題によって一挙に道義的に不利な立場に立たされた。そこまでは、おそらく北は読んでいなかった。一方、日本の国民が反発を持ち、ショックを感じて、一時的に不満を爆発させる。不信感を一時的に募らせる。これは理解できることですけれども、ナショナリスティックな動きを煽るような方向に行ったのは問題でした。一部の政治家は、これを利用して自分の政治的地位を高めようとしたり、選挙で有利になるようにしたり、結局、外交を内政に転化して個人的に利用したところがあって残念でした。

今回の六者協議での日本政府の対応は、私はある程度は評価したいと思っています。一日目の冒頭発言で、外務省の藪中三十二アジア大洋州局長は「みんなが関心を持つ問題の解決を望む」と述べて、ストレートに「拉致」という言葉は使わなかった。中国では、各国の冒頭発言を全部、テレビで生中継したんです。日本にすれば、拉致問題を前面に出せば北朝鮮の反発が予想されるわけで、自分のせいで六者協議を壊すことになりかねない。それは避けたかった。もうひとつの見方は、六者協議の直前に平壌であった日朝政府間交渉で、日本側は北朝鮮から何らかの暗黙の了解を取り付けたのではないかということです。「今回の六者協議では、日本はあまり強烈に拉致、拉致と言わないでくれ。そのほうが両国間で解決する可能性が出てくる」というようなことを平壌から示されたのではないかと私は個人的に見ています。

ただ、取引や譲歩を織り込みながら政府が外交的に拉致問題を解決しようとしても、それを許さない雰囲気が日本国内にある。そこで、とくに言いたいのは、第一に情勢を冷静に判断すること。日本は外交において感情が先行する傾向があります。相手が好きだと、いろいろなことを相手の立場に立って解釈するのに、嫌いだと何でも悪く解釈してしまう。第二に、北朝鮮は、なによりも体制存続が目標なので取引や妥協に応じる可能性がある。そこを、もうちょっと冷静に見る必要があるのではないか。

朴　拉致問題について言うと、外為法を改正したことがどういう効果を与えたか議論が分かれています。つまり「経済制裁法案の法案をつくる動きを受けて、北が政府間交渉に応じた」という考え方もあれば、逆に「経済制裁法案が北朝鮮をさらに硬直化させて、拉致問題の解決を遅らせる」という考え方もある。いろいろ議論はあるんですけれども、私は三段階に分けて考えることができると思います。ひとつは、法案を準備する段階、もうひとつは法案を成立させる段階、最後は法案を発動する段階です。

確かに外為法改正を準備する段階から、拉致問題をめぐる北朝鮮の対応が活発化してきたと感じます。まず、二〇〇三年一二月に北朝鮮の日朝交渉担当官が、拉致議連（北朝鮮に拉致された日本人を早期に救出するために行動する議員連盟）事務局長の平沢勝栄さんらと北京で非公式に接触した。そこで北朝鮮側は、日本に帰国した拉致被害者が家族を迎えにいったん平壌に戻るという方式を具体的に提案しました。ここでは、外為法改正案を準備することが彼らを刺激した可能性がある。その後、北朝鮮が日本との政府間交渉に応じたのは、北朝鮮のすごく大きな変化であり前進です。ところが、折あしく、外為法改正が成立した二日後に政府間交渉をすることになってしまった。もしあれが法案の準備段階であれば、「ここで土産をくれなければ、法案が成立してしまいますよ」と迫ることもできたのではないか。私が外交官なら、法改正のタイミングをもう少し考えてほしかったと思うんじゃないでしょうか。

朱 カードは、ちらつかせるから有効なんですね。切ってしまったら逆効果のことが多い。

二分される世論

朴 拉致被害者の家族を日本に帰すことについて、実際は北朝鮮に異論はないのではないでしょうか。政府間交渉でも北朝鮮は「家族を日本に帰すことで拉致問題はいったん区切りをつけるのですね。そうしたら、国交正常化交渉に応じてくれるんですね」と言ったといわれています。ところが、日本の外務省の二人は、はっきり返事ができなかった。それが、この交渉がうまくいかなかった最大の要因なんですね。

北朝鮮からすると、拉致問題の解決といっても、いったいどこまで日本の求めに応じたらいいのか、際限がなくなるのではないか、と見ている。そうなったら、北も身動きがとれない。いったいどこまでいけば「拉致問題の解決」ということになるのか、外務省はもう少し明確な姿勢を北に示さないといけない。そのサゼスチョンを実は北朝鮮は求めていると思うんです。拉致問題解決のひとつのプロセスをはっきり相手に示す。それがないと、このままでは日朝国交正常化交渉はいつまでたってもスタートしませんよ。

朱 そうですね。

朴　日本は拉致問題では被害者ですけれども、強制連行とか慰安婦とか、戦争中の問題については加害者なんです。北朝鮮にしたら、これらは未解決の問題として残っているわけですよ。これらの問題を放置して、「拉致の問題を先に解決してください」と日本が言うのは、外交的ルールに反しているのではないか。お互いが加害と被害の立場を冷静にもう一度総括して、政府が解決のあり方をしっかりと示さないといけない。

それがいまだに行われておらず、交渉が長く膠着状態に陥っていることもあって、日本の世論の中に「もはや経済制裁を発動するしかない」という声が高まっています。毎日新聞（二〇〇四年三月八日）の世論調査では、北朝鮮に対し「今すぐ制裁すべきだ」という人が四二％、「今はまだ制裁すべきではない」も同じ四二％と、まったく二分されているんです。ほかに「今後とも制裁すべきではない」が八％を占めますが、この「制裁すべきだ」という意見が「北はもうつぶすしかないんだ」という方向に走る可能性もあるわけです。北を崩壊させたら東アジア全体に果たしてどういう打撃を与えるか。そこを冷静に判断しないといけない。

それに、経済制裁をやるにしても、ロシアと韓国と中国が共同歩調をとってくるかどうか。いっしょに乗っかってこなければ、経済制裁も効果がない。韓国統一部のデータでは、二〇〇三年の北朝鮮の貿易実績は、対中国が一〇・二億ドル、対韓国が七・二億ドルであるのに対して、対日貿易は二・七億ドルしかないんですよ。だから、比率でいえば北朝鮮の貿易の十分の一程度しかない。もし日本が経済制裁を実際に発動したとしても、北朝鮮は、貿易を中国、韓国にシフトしていくだけではないかと思います。

朱　そもそも九・一七以降、一部の日本の政治家の間では、結局、強硬論が主導権を取ってしまったわけですね。北には軟弱な姿勢は示せないと。このあとも、北朝鮮を想定して、特定の国からくる船の入港を禁止できる法律をつくろうとしている。しかし、こと外交においては、自分が九をとって相手が一というのは交渉じゃないんです。これは外交ではなくて、戦争か無条件降伏か、と迫るようなものです。しかも、先ほどおっしゃったように、経済制裁には中国も韓国も同調しないと思うんですね。

これから日本外交をどうすればいいのか。北朝鮮の国民がもっと外部の事情がわかるようになって、経済ももっと世界に組み込まれたものにする。そのために日本は何ができるかを考えることです。中国の場合もそうでしたが、そうしたことが実現すると、独裁政治が成り立たなくなるんです。中国も毛沢東時代は、個人の独裁だった。その後は一部の指導者が密室で政策を決めていた。いまの中国ではもはやそうしたやり方はできなくなった。一党支配ではありますが、かなり下から押し上げられるような政治になったわけですね。

どうしてか。それは、経済が対外的に開放されて、国民がより多くの情報を得るようになったからです。韓国はその点を理解して自信をもって行動している。ところが日本は、外交に自信をなくしてしまっている。そして北朝鮮への見方も、すべて拉致問題の窓から眺めていて、視野が狭くなってしまっている。

日本にとって大切なのは核という問題をもっと冷静にとらえて優先的に解決していくこと、その中で併せて拉致の問題も解決を求めていくことです。そのためには、拉致被害者の家族が日本に戻ってきたら、次には国交正常化交渉に入るというように、もう少し大局に立った外交交渉をしないといけません。

もうひとつ、中国について一言いいたいのですけれども、拉致の問題を日朝双方ともなかなか打開できない。そういう中で中国はこの一年間、かつてに比べればいくらか態度を修正して、北に日本側の懸念を伝えたり、日朝の交渉の舞台を提供したりしましたが、中国が北朝鮮の核問題を六者協議の枠組みで解決することを真に望んでいるのは事実です。それなら中国は、拉致の問題も早く乗り越えられるように、日朝が国交正常化交渉のほうに早くいくように、もっと協力するべきです。少なくとも水面下で、もっとそういう協力をすべきではないかと思います。

一方、日本側も、ただみんなが助けてくれるのを待つというのでは、だだっこのわがままのようなものであって、大国日本の外交ではない。日本は、北朝鮮に対しても一定の信頼感や期待を与えるような姿勢でやっていく必要がある。

朴　現在、六者協議の主導権を握っているのは中国です。日本は脇役になっていますが、むしろ日本こそ主導権をとれる立場なんです。

朱　そもそも六者協議は、日本が打ち出したのです。それを忘れてはいけません。南北と米、中の四者に対して、いろんな影響力があり、様々なところで絡んでいる日本が「ロシアと一緒に六者にしよう」と言い出しました。これが、結果的にいま現実的な解決方法になっているわけです。

日本外交の針路

朴　北朝鮮が本格的な経済協力の相手として想定しているのは日本です。実際、日本からの大規模な経済協力がなければ開城《ケソン》の工業地区の建設事業もうまく推進できませんし、経済改革もうまくいかない。だから北朝鮮としては、どうしても日本に戦後補償に代わる大規模な経済協力をしてほしいわけです。そこを日本がはっきり理解していれば、拉致問題を解決するめどもおのずと立つと思うんですよ。アメリカに追随したやり方では、いつまでたっても解決しないと私は思う。まず、アメリカと日本では北朝鮮が核を持った場合に受ける脅威の度合いが違います。北が核を持つことが日本の安全保障にどれだけデメリットを与えるか。そして、拉致問題は日本自身がどうしても解決しなければならない。そういうことを考えれば、現在、韓国と中国とロシアが「北朝鮮が核放棄を宣言して核査察を受け入れれば、エネルギー供給をしますよ」と提言する一方、日本は「そのアイデアには乗りません」と言っていますが、むしろ日本こそがこのアイデアを提案すべきなんですよ。

いまこそ日本が中心になって、「あなた方が本気で核を放棄して、核査察を受け入れて、拉致被害者の家族も日本に帰すということであれば、われわれは大規模な経済協力の一部を第一段階として提供しましょう」と言うぐらいの大胆な提案をすべきではないでしょうか。

朱　あるいは、少なくとも人道支援ね。

朴　「人道支援をやりましょう」ということを、なぜ日本が率先して言えないのか。拉致問題についてはどれだけの人間を本当に北が拉致したのか、微妙な問題が少なからず出てきています。この問題を解決するためには国交を正常化して、日本の調査団が自由に北朝鮮に入って調査するところまでいかないといけない。だから拉致問題の完全解決というのは国交正常化以降にも続く問題であって、完全解決したのちに国交正常化交渉に入るというのは順番が逆ではないかと思います。「拉致問題の完全解決」のためにこそ国交正常化が不可欠なのです。だから「とりあえず家族を帰国させる。亡くなった人の真相究明をする。そして、拉致された疑いの濃い人たちについては北朝鮮に調べてもらう。これを確約させると同時に、日本は少なくともその見返りとしてまず人道援助を行いましょう。そして、国交正常化交渉を進めながら、あなた方が核査察を受け入れることを決断してくれれば、これだけの経済協力を提供しますよ。そして、開城の工業地区を一緒に開発していきましょう」というように進めて、北が徐々に改革・開放に進んでいけば、おのずと北朝鮮の権威主義体制も溶解していく素地が出てくると思います。

そうすると次の段階として、日朝の関係が本当の意味で成熟していくんじゃないでしょうか。そこらへんの長期的ビジョンに立った政治判断が、日本の政治家に求められている。日本だけの国益ではなく、東アジア全体のために日本の政治家はいま何を決断しなければならないか。北朝鮮の改革・開放の火を消すのではなく、何とかそれを側面から支援して改革・開放の方向に誘導していくことが、実は核問題や拉致問題の解決につながることを考えてほしいと思います。

朱 日本国内では、対北朝鮮関係も六者協議もすべて「拉致」という窓から見ようとしていますが、拉致問題の解決を図りつつ、北朝鮮との関係をどう根本的に改善するか。それは日本にとって、東アジアでしっかりとした外交を展開できるかどうかの試金石でもあると思います。

（二〇〇四年五月）

注

（1）**外為法の改正** 北朝鮮に対して日本単独での経済制裁を可能にする「外国為替及び外国貿易法」（外為法）の改正が二月に行われ、閣議決定によって北朝鮮への送金を許可制にしたり、輸出入を承認制にしたりできるようになった。その発動について小泉首相は慎重な発言を続けている。

あとがき

二〇〇五年九月十九日、北京で開かれていた北朝鮮の核問題をめぐる四回目の六者協議で、初の共同声明が発表された。共同声明には、北朝鮮がすべての核兵器と現存する核計画の廃棄を約束する一方、北朝鮮への軽水炉の提供を「適当な時期に議論する」ことが盛り込まれている。また同声明には、米国が核兵器や通常兵器で北朝鮮を攻撃する意図がないことを確認するとともに、北朝鮮がＮＰＴ（核拡散防止条約）やＩＡＥＡ（国際原子力機構）に早期に復帰することも明記された。目標が達成されれば、朝鮮半島の非核化と平和に大きく貢献することになる。六者協議が開催されて二年、何度も決裂の危機に直面しながら六カ国がようやくたどり着いた一つの成果であるといえる。

だが、声明文に書かれた目標が実現するかどうか、その具体的なプロセスについては、次回の協議に先送りされたことで、火種も残されている。まず、北朝鮮が求めた軽水炉の建設については「適当な時期に議論を行う」と書かれてあるだけで、具体的な建設計画は明示されていない。また核放棄の検証方法や核放棄の対象など、細部の取り決めについては曖昧なままである。さらに北朝鮮はいつNPTに復帰し、核査察を受けるのか、今回の共同声明には具体的な手順や時期がまったく示されていない。

予想通り、翌二〇日、北朝鮮外務省は、「米国などの国々が軽水炉の建設に着手しなければ、北朝鮮は核放棄に応じない」と表明。一方、米国は「北朝鮮がまず核を放棄しなければ、軽水炉の建設について議論することはできない」と反論するなど、共同声明に関する米朝の見解の相違が明らかになった。これだけを見ても、六者協議の前途が決してバラ色でないことがわかる。

とはいえ、今回の共同声明を過小評価すべきではないだろう。それぞれの国は、合意形成の入り口に立ったことを改めて確認し、今後も、米朝、日朝間の溝を埋めるために粘り強く交渉していかねばならない。

横田めぐみさんの「遺骨問題」以降、日朝交渉も滞っているが、六者協議での合意をきっかけにして、日朝交渉が早期に再開されることを望みたい。今回の共同声明で「軽水炉提供」が明記されたことで、拉致問題に進展がなくても、展開次第では日本にも北朝鮮における軽水炉建設への支援が求められる可能性がでてきたわけである。日本は「拉致問題が解決しなければ、北朝鮮への支援は行わない」という立場を貫いてきたが、このままでは北朝鮮の核問題への対応と拉致問題への対応の狭間で苦しむことになる。日本政府としても、北朝鮮への軽水炉提供問題が具体化する前に、拉致問題を解決する目処をつけておきたいところである。日朝間の懸案解決に向けた日本政府の決断が求められているといえる。

一方、日韓関係を見れば、日朝関係とは対照的に、空前の韓流ブームが沸き起こっている。ブームの先駆けとなったドラマ「冬のソナタ」のDVDボックスは三六万セット売れ、「冬のソナタ」の小説も一二二万部のベストセラーになった。その他、「冬のソナタ」のロケ地をめぐる韓国ツアーなど関連グッズを合わせると、「冬ソナ」の経済効果は一三〇〇億円に達するという。

しかし、日韓の間には克服すべき政治課題も少なくない。竹島（独島）問題、歴史教科書問題、小泉首相の靖国参拝問題などをめぐって、日韓関係が冷却化し、経済・文化交流への悪影響も懸念されている。日韓の経済・文化交流を今後も中断させることなく発展させていくには、交流の阻害要因となるこうした政治摩擦をできるだけ回避していく双方の努力が必要だ。

日中のみならず日韓でも「政冷経熱」現象（政治関係は冷却しつつも、経済交流が活発化する現象）が見られるなかで、財界から今後の日韓関係は歴史問題に目をつぶり、現実の利益を優先するべきだという声も聞かれる。だが、私は歴史問題に蓋をした日韓の経済・文化交流には限界があるように思われる。ある程度、両国が歴史観を共有しなければ、経済や文化の交流は政治摩擦に押しつぶされてしまうことになる。そのためには、両国がお互いの国をある程度理解することが必要だ。本書がそうした相互理解の一端につながれば幸いである。

本書は、筆者がこの八年ほどの間に、月刊誌『論座』（朝日新聞社）や新聞などに発表してきた朝鮮半島問題に関する論考をまとめたものである。いずれの論考も、ここ数年、朝鮮半島で起こってきたリアルな政治・経済変動を分析したものである。

改めて読み返してみると、一見ばらばらに見える論文が、実は同じような問題意識から論じられていることに気づく。そうした問題意識の発端となったのが序章の論考である。この論文は、今からちょうど十年前の九五年、名古屋大学で開催されたアジア政経学会の全国大会で報告させていただいた発表をベースにして書き上げたものである。まだ、その頃の日本の学会では、韓国の「植民地近代化論」や親日派問題など余り注目されていなかったこともあり、報告に対してかなり多くの反響があった。

それから、私の関心は、植民地開発を通じた近代化が、解放後の対日、対米関係の変化や連続性の中で、韓国や北朝鮮にどのような葛藤を生みだしたのか、より具体的には親日と反日の役割の解明、そしてこの二つのイデオロギーを超えるために生み出された親米と反米の力学が、朝鮮半島でどのように働いたのかというところに移っていくことになった。そして幸運にも、一九九八年から二〇〇五年にわたって、月刊誌『論座』誌上で私が追い続けた、金大中《キムテジュン》と金正日《キムジョンイル》時代の南北朝鮮の政治・経済変動のありようは、まさにそうした問題意識をリアルに反映するものばかりであった。

核問題を巡る米朝の攻防、拉致問題をめぐる日朝の確執、文化開放や構造改革を通じた韓国社会の日本文化や日本的経営からの脱皮、歴史問題をめぐる日韓の対立、派兵問題と反米感情の狭間で苦悩する韓国政府など、この数年間、朝鮮半島を舞台に繰り広げられた反米と親米、反日と親日のパワーゲームをどのように理解し、これにどのように対処すべきなのか。そうした問いかけに少しでも応えたいというのが本書の狙いである。

取材や資料の収集、原稿の執筆にあたって、日本、米国、韓国、中国、北朝鮮の政治家、閣僚経験者、官僚、学者、シンクタンク研究者、実業家など、実に多くの人々のお世話になった。この場を借りて感謝したい。また私のような無名の研究者に、八年にわたる長期連載のチャンスを与えてくれた朝日新聞社の月刊誌『論座』編集部の皆様に、心からお礼を申し上げたい。最後に、本書の出版を快く引き受けてくださった藤原書店の藤原良雄社長、わずらわしい編集の労をとっていただいた西泰志氏に感謝の意を表したい。

日韓・日朝の友好を願って

二〇〇五年一〇月

朴　一

初出一覧

プロローグ　「日韓・日朝のはざまで」書き下ろし。

序　章「朝鮮半島を見る眼――歴史的視座から見た日韓・日朝関係」板谷茂・平野健一郎・木村光彦・朴一・柳町功・中嶋航一著『アジア発展のカオス』勁草書房、一九九七年所収。

第Ⅰ部　韓国を見る眼

第1章「日本文化の解禁は新しい日韓関係を切り開くか」『論座』（朝日新聞社）一九九八年一一月号。

第2章「金大中大統領の構造改革、その光と影」『論座』（朝日新聞社）一九九九年二月号。

第3章「南北首脳会談の衝撃」『論座』（朝日新聞社）二〇〇〇年六月号。

第4章「南北経済交流への期待と不安」『論座』（朝日新聞社）二〇〇〇年一〇月号。

第5章「『慰安婦』問題をめぐる日韓の攻防」『論座』（朝日新聞社）二〇〇一年七月号。

第6章「教科書問題は解決できないのか」『論座』（朝日新聞社）二〇〇二年一月号。

第7章「反米感情と対米依存のジレンマ」『論座』（朝日新聞社）二〇〇三年七月号。

第8章「人質殺害で揺れる派兵問題」『論座』（朝日新聞社）二〇〇四年九月号。

第9章「韓国人はなぜ『親日派』究明にこだわるのか」『論座』（朝日新聞社）二〇〇四年一一月号。

第10章「泥沼の日韓関係をどう修復するか」『論座』（朝日新聞社）二〇〇五年六月号。

第II部　北朝鮮を見る眼

第11章「北朝鮮はそれほど危険な国なのか」『論座』（朝日新聞社）一九九九年八月号。

第12章「朝鮮半島をめぐる東アジア情勢の行方」『論座』（朝日新聞社）二〇〇〇年九月号。

第13章「日朝関係に影落とす不審船事件と拉致問題」『論座』（朝日新聞社）二〇〇二年七月号。

第14章「北朝鮮はどこに行くのか」『論座』（朝日新聞社）二〇〇二年一〇月号（対談の収録は二〇〇二年七月）。

第15章「どう見る日朝首脳会談」『京都新聞』二〇〇二年九月一九日。

第16章「小泉訪朝をどう評価すべきか」『論座』（朝日新聞社）二〇〇三年一月号。

第17章「多国間協議で米朝衝突は回避できるか」『論座』（朝日新聞社）二〇〇三年六月号。

第18章「米朝中三者協議に期待する」『京都新聞』二〇〇三年五月一六日。

第19章「前途多難な六者協議」『信濃毎日新聞』ほか、二〇〇三年九月一九日（共同通信配信）。

第20章「ガバン・マコーマック教授の警告」『論座』（朝日新聞社）二〇〇四年一〇月。

第21章「北朝鮮に対する経済制裁は正しい選択か」『論座』（朝日新聞社）二〇〇四年四月号。

第22章「北朝鮮とどう向き合うべきか」『論座』（朝日新聞社）二〇〇四年五月号。

著者紹介

朴　一（パク・イル／Park Il）

在日韓国人３世。兵庫県生まれ。同志社大学卒業。同大学院博士課程修了。商学博士。専攻は東アジア経済論，日韓・日朝関係論。現在，大阪市立大学大学院経済学研究科教授。1997年，高麗大学客員教授としてソウルに留学。テレビ・ラジオのコメンテーターとしても活躍。在日３世の立場から日韓・日朝関係や在日コリアンの人権問題について積極的に提言している。著書には『韓国ＮＩＥＳ化の苦悩』（同文舘，1992年），『在日という生き方』（講談社，1999年），『変貌する韓国経済』（世界思想社，2004年，編著），最近の論考には，「北朝鮮への経済制裁は弱者を苦しめるだけ」『日本の論点』2005年版（文藝春秋），Japan Too Must Deal with the Past, *JAPAN ECHO*. Vol.32 No.4 August 2005などがある。

朝鮮半島《ちょうせんはんとう》を見《み》る眼《め》——「親日と反日」「親米と反米」の構図

2005年11月30日　初版第１刷発行©

著　者　朴　一

発行者　藤原良雄

発行所　株式会社　藤原書店

〒162-0041　東京都新宿区早稲田鶴巻町523

TEL　03（5272）0301
FAX　03（5272）0450
振替　00160-4-17013

印刷・美研プリンティング　製本・協栄製本

落丁本・乱丁本はお取り替えします
定価はカバーに表示してあります

Printed in Japan
ISBN4-89434-482-3

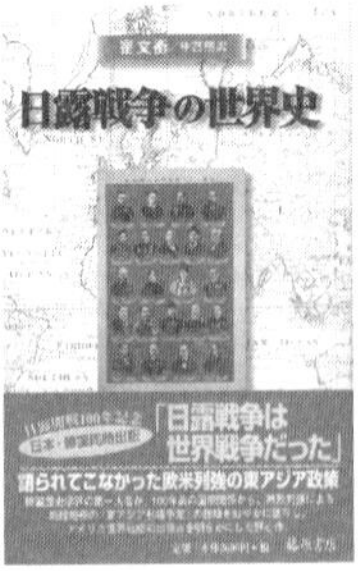

「日露戦争は世界戦争だった」

日露戦争の世界史

崔文衡（チェ・ムンヒョン）
朴菖熙訳

韓国歴史学界の第一人者が、百年前の国際関係から、西欧列強による地球規模の〈東アジア利権争奪〉の経緯を鮮やかに活写し、アメリカ世界戦略の出発点を明らかにした野心作。

四六上製　四四〇頁　三七八〇円
（二〇〇四年五月刊）
◇4-89434-391-6

戦後「日米関係」を問い直す

「日米関係」からの自立

（9・11からイラク・北朝鮮危機まで）
C・グラック　和田春樹　姜尚中
姜尚中編

対テロ戦争から対イラク戦争へと国際社会で独善的に振る舞い続けるアメリカ。外交・内政のすべてを「日米関係」に依存してきた戦後日本。アジア認識、世界認識を阻む目隠しでしかない「日米関係」をいま問い直す。

四六並製　二二四頁　二二一〇円
（二〇〇三年二月刊）
◇4-89434-319-3

二一世紀日本の無血革命へ

新しい「日本のかたち」

（内政・外交・文明戦略）
川勝平太　姜尚中　榊原英資
武者小路公秀編

外交、政治改革、地方自治、産業再生、教育改革…二〇世紀末から持ち越された多くの難題の解決のために、気鋭の論客が地方分権から新しい連邦国家の形成まで、日本を根底から立て直す具体的な処方箋と世界戦略を提言。

四六並製　二〇八頁　一六八〇円
（二〇〇二年五月刊）
◇4-89434-285-5

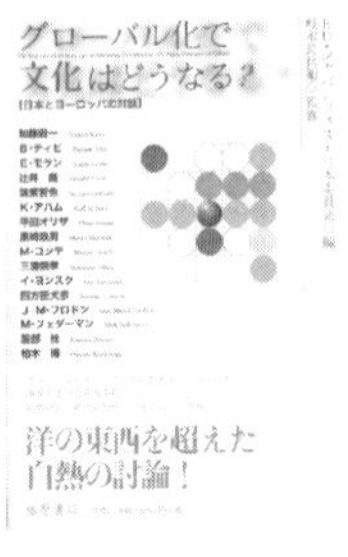

洋の東西を超えた白熱の討論

グローバル化で文化はどうなる？

（日本とヨーロッパの対話）
EU・ジャパンフェスト日本委員会編
根本長兵衛監修

グローバル化・デジタル化は世界をどう変えるか。総勢一七名の世界的知性が一堂に会し、激変する文化状況を巡って徹底討論。

〈執筆者〉**加藤周一／E・モラン／辻井喬／筑紫哲也／平田オリザ／黒崎政男／M・コンデ／三浦信孝／イ・ヨンスク／四方田犬彦／柏木博ほか**

四六並製　二八八頁　二六二五円
（二〇〇三年一一月刊）
◇4-89434-362-2